非洲人在中国

社会文化研究及其对非洲－中国关系的影响

AFRICANS IN CHINA

A Sociocultural Study and Its Implications for

Africa-China Relations

Adams Bodomo

〔加纳〕博艾敦 ／ 著

李安山　田开芳　李丽莎 ／ 译　李安山 ／ 校

社会科学文献出版社
SOCIAL SCIENCES ACADEMIC PRESS (CHINA)

献给所有在中国的非洲人

目　录

图目录[*]

---

* 为方便区分，标题相同的图、表名后面用括号分别加注广州、义乌、上海、北京、香港、中国，表示在该地的非洲人。

xiii

表目录

xix

xx

照片目录

序

　　全球化正在以不同的方式呈现出来。最引人注目的事实是，世界日益变小，变成了一个地球村，来自各地的人们聚集在一起，这在几十年前是难以想象的。现实对整个人类社会形成了挑战，这种挑战要求人们提高对外来者的宽容程度，学会以新的方式与之共同生活：这是人类生存的方式。当然，经历着全球化过程的普通人与那些财团、企业家、政治家和当权者对全球化的理解完全不同。但是，无论从哪一个角度看，全球化已经来临并有可能随着时间的推移而加快。不容置疑，人们在尽量使全球化的进程变得容易被人接受。

　　非洲 – 中国关系从 21 世纪初开始稳步发展。事实上，这种关系发展的程度在十年前是难以预料的。目前，受经济利益的驱使，大量的中国人在非洲大陆随处可见，并且从不同方面影响着非洲经济的发展。他们主要的活动集中在矿产资源开采和基础设施建设方面。中国的手工制品在各个国家引人注目，引起了民众积极和消极的反应。

　　中国人非常勤劳，他们在基础设施建设方面工作效率高，交工及时，这些都使得他们闻名遐迩。20 世纪 70 年代，从坦桑尼亚达累斯萨拉姆到赞比亚卡皮里姆波希的坦赞铁路由中国政府出资，成千上万的中国工人与非洲工人共同修建。项目成本总计约 5 亿美元，铁路修建仅花了 5 年时间，并在 1975 年提前竣工。这是中国有史以来规模最大的对外援助项目。这一工程不断获得赞誉。

　　今天，中国企业正在非洲大陆开采各种矿物，包括石油、黄金、钻石、钴、锰、铁矿石、钛、铝土矿、铜、锡、锌以及其他稀有矿物。此外，中国人也有限地从事农业方面的工作。这些活动引起了来自西方的许多反应，因为中国的竞争将西方企业挤出了这一领域。非洲人之间常常流传有关在非洲大陆经商的中国企业的劳动条件的话题。中国人被指责为投机取巧，没有支付足够的工钱。中国人在小规模零售贸易方面的做法往往遭人憎恨，因为这使当地商家与华人商家的竞争越来越艰难。但是，中国人在非洲的存在不可否认，中国正在对非洲经济体产生重要影响。

前一段时间（2010 年 2 月 22 日），某个西方记者抨击中国人在非洲的势力过于强大，就此事博艾敦提出了一些观点，在与博艾敦进行交流时，我写道：

> 事实上，我完全同意你的意见。我们面临的挑战不是抱怨中国人在非洲大陆或中国本土与非洲人在贸易和经济上打交道时他们的种族主义和缺乏利他主义。我们要知道，所有的国家，尤其是那些"大国"，都是根据自己开明的自我利益行事。这里没有道德准则。所有的规则都是由各自的私利所决定的。这就是规则，所有的参与者根据他们的理解来进行比赛。我们都倾向于期望全世界把我们当作他们那些正在受难的、需要道德和善意的关注的兄弟来对待。我们一直都是这样做的，尽管我们看到并知道几百年来其他社会都把我们当作剥削的对象来对待。我们愚蠢地认为，这种情况有一天将会突然改变。当然，这是不会改变的。这就是所有社会各自的行为方式。到处流传的政治口号给人空洞的印象。我们要学会按照自己的利益行事。为了做到这一点，我们必须团结起来作为一个整体进行合作，这样我们就不会像一个软弱无力的小国那样任凭自己被他人卖来卖去。

随着中国贸易和工业在非洲不断发展，中国人在非洲的人数日益增长。

同样，非洲人在中国的存在也逐渐引人关注。在中国的大多数非洲人是经济移民。在中国，尤其是东部沿海地区，自 1997 年以来，就出现了规模较大的非洲社区。反过来，中国人对非洲人的态度也同样不一，既有包容的，也有消极的，有时甚至是排斥的。

有不少关于中国人在非洲的书，但是关于非洲人在中国的书却不多。博艾敦的这本书具有开创性，值得称赞，它是第一本关于非洲人在当代中国的书。这本书的实证基础经得起科学的推敲。它不受特异或敏感评论的影响，严格采用实证研究的方法论证。本书中超出主题之外的方法论和概念既有趣又有吸引力，如"移民社群"（diaspora）、"非洲性"（Africanness）或"谁是非洲人"和"社区"的概念远远超出了书中分析的范畴。我相信博艾敦在这本书中的思想和方法将有助于其他观察人士和学者去解决相关的问题。

此外，虽然本书主要谈论的是非洲人在中国的活动，但它也介绍了非洲人在当代亚洲其他国家或地区生活的情况，如本书也介绍了非洲人在韩国、中国台湾、日本和印度尼西亚生活的相关图像和数据。

本书叙述简洁明朗，轻松地将读者带进中国有非洲人出现的许多地方。注意到这一点会让阅读非常有趣，正如博艾敦在第八章所描述的那样：

> 除了在这6个城市（香港、澳门、广州、义乌、上海、北京）有大量的非洲人外，在中国的大多数省会城市和其他主要城市还有很多非洲人，包括广西南宁、云南昆明、贵州贵阳、海南海口、四川成都、湖南长沙、湖北武汉、浙江杭州、福建福州、江苏南京、河南郑州、山西太原、陕西西安、江西南昌、山东济南、河北石家庄、辽宁沈阳、吉林长春、黑龙江哈尔滨、安徽合肥、甘肃兰州、青海西宁以及两个直辖市重庆和天津。这些在中国的非洲人有的人当英语教师，有的做零售商店的老板，有的是运动员、学生和各种类型的艺术家，包括音乐家和鼓手。

从社会学的角度来说，新兴的角色和职业的分化非常有趣。显然，在中国的非洲移民正在夹缝中寻找对他们开放的市场。他们在中国的活动有些是可敬的，同时有些应受到谴责，甚至是非法的。

博艾敦的"桥梁理论"洞察明理，以掷地有声的判断回应了那些对这个话题非常了解的人。如果有的话，只有很少非洲学者能够像博艾敦那样具有深厚的洞察力和杰出的知识才能来阐述自己的经历。作为一名在中国工作过的语言学家，博艾敦多年来潜心研究学术，已经积累了显而易见的成就，证据就在本书之中。就在本书的最后几页，博艾敦这样写道：

> 非洲人在中国不断增长，这会影响到中非关系吗？这些是任何研

究在中国的非洲人的学者都要提出的关键问题。从我所调查的所有城市中观察到的情况来看，我可以断言，非洲社区将会继续存在，不管它是否繁荣。从现在开始，中国将永远不仅存在非洲人，还存在非洲社区。非洲人已经渗入中国所有的主要城市，这个现象可以预言，不久的将来会产生大量的非中混血儿后代，而这关乎非洲人的定居问题或（和）中国的传承问题。主要是非洲男人和中国女人的异族通婚已产生了许多后代，很多非洲人已获得香港和澳门永久居住权。如果中国大陆移民制度更加自由灵活，那么就会有更多的非洲人成为正式的中国公民，作为运动员、歌手、医生、护士和教师参与中国经济的各个领域和公共生活中。

这些都是博艾敦在这本书中描述的全球化的未来趋势。

xxvii 本书涉及的问题备受关注并经过作者的巧妙安排，叙述清晰，阅读轻松。博艾敦明确地表达了自己的想法，同时以简捷分析的方式提出了问题，直白又面面俱到。从另一个角度，作者提供了一个非洲人在当代中国的真实写照，对于非洲人和中国人而言，这是一个很有意义的话题。

良好的、互利的非洲－中国关系符合非洲和中国双方的战略利益。这些关系的发展将在一定程度上取决于在非洲的大量华人以及在中国的大量非洲人。本书为这些现实提供了一个开放性的窗口。

奎希·克瓦·普拉（Kwesi Kwaa Prah）教授

非洲社会研究中心（CASAS），开普敦

前　言

1997 年 9 月，当我抵达香港在香港大学任职时，从当年 7 月开始并一直持续到 1998 年的东亚金融危机全面爆发。那时，我自己或其他任何人都不知道，这个现在已是资料丰富的事件（Mitton，2002）将会对 21 世纪大量非洲人迁移到中国产生关键性的影响。许多非洲人都在处于商业中心的城市经商，如泰国的曼谷、印度尼西亚的雅加达、马来西亚的吉隆坡。同时，受危机影响最严重的东南亚许多地方的人们开始成群结队地转移到中国南部，尤其是广州，因为中国在这次危机中经济仍然保持相对稳定。非洲人开始在这些地区开商店，同时将中国产品通过海路运回非洲各个国家，促使这些国家的商人亲自来华采购货物。

作为当时为数不多的在中国大学任教的非洲学者之一，我发现自己在正确的地点正确的时间开始记录这场始于 21 世纪初的激动人心的迁移活动。这本书是我历经十年对在中国的非洲人的研究成果。

致　谢

这本书汇聚了我十年来的研究成果。我曾无数次到中国许多地区进行实地考察，因而牵涉到许多人和各种各样的组织。

首先，我要感谢香港大学和香港研究资助委员会，感谢它们对本书以及对我的许多研究非洲－中国关系的项目提供资助。许多地方的很多人都为这个项目的研究提供了帮助。

我要感谢香港的研究助理杨晓霖（Yeung Hiu Lam）、冯雪雯（Frances Lung）、余颖欣（Iris Yu）、李菲比（音）（Phoebe Li）、胡玉秀（Lucille Hu）和刘雨葱（Yuky Liu），他们和我一起实地考察，对研究论文草稿进行无数次修改，最终才有了这本书。 xxxi

我要感谢在广州的许多非洲人，他们同意让我进行问卷调查或进行访谈，这些人主要集中在天秀大厦、登峰宾馆区域、迦南市场以及广州石室圣心大教堂。我要感谢非洲社区的四位领导人——尼日利亚的爱玛·奥贾库（Emma Ojukwu）、几内亚的贝利·萨尔坦（Barry Sultane）、已故的加纳人艾塔·乌苏（Atta Wusu）（愿他的灵魂安息），以及喀麦隆的埃尔维斯（Elvis），他们都为我在广州调查非洲社区提供了非常有用的联系方式和各种帮助，而该社区在我刚刚开始研究前正式成立。感谢加纳的雷蒙（Raymond）将我送到相关地方以探讨社区中与加纳有关的问题，这些问题是我作为一个来社区的临时访客不可能凭自己的肉眼发现的。我要感谢中山大学的李志钢（Li Zhigang）。他作为学者邀请我去他的大学做了有关在中国的非洲人移民社群状况的报告，他还参与了我的一个采访调查。

我去过几次义乌，我要感谢我的合作者浙江师范大学非洲研究院的马恩喻（Ma Enyu）博士，该学校位于离义乌很近的金华。我们一起雇用社

1

区成员，甚至一起走访了非洲人经营的几家工厂。加纳的吴飞（Wu Fei）在帮助我理解社区中有关加纳和西非的问题上起了重要作用。我很感激郭金平（Guo Jinping）先生，他在 2008 年我第一次访问义乌时，是我的一名翻译。

我要感谢上海 AfroShanghai.com 网络论坛的所有者，他授予我做在线访谈的权利，同时接收我为他们论坛的成员。在这个论坛里，我在理解非洲人尤其是黑人英语教师在上海所面临的问题方面取得了很大的收获。

我要感谢北京的郭金平（Guo Jinping）、索菲亚·锁（Sophia Shuo）和王天天（Wang Tiantian），他们带我游走在这个城市的许多地方，担任我的导游和翻译，还负责对非洲社区的成员进行问卷调查。我要感谢马路华（Lawal Marafa）博士，他帮助我在一次非正式场合获得接触尼日利亚外交使团的机会，这使得我可以从他们的视角洞察到一些非洲 – 中国关系中的问题。

我要感谢我的合作者澳门大学的罗贝瓦尔（Roberval）博士，他帮助我联系到了在澳门葡语非洲社区的一些成员。这使得我能对来自佛得角和几内亚比绍的两名领导人进行深入采访，并得以在 2009 年参加了一年一度的佛得角国庆节集会，会上我与其他人进行了交谈。

我最感激的是奎希·普拉（Kwesi Prah）教授，他于 2005 年在约翰内斯堡组织了首届 21 世纪非洲 – 中国关系会议，并为本书撰写了综合全面的序。

我要感谢《中国季刊》和《非洲复兴研究国际期刊》的编辑和出版商，他们允许我使用我文章中修改后的部分内容，该内容涉及非洲人在中国和一般非洲 – 中国关系研究。

我很感激坎普里亚出版社的工作人员，尤其是托妮·坦（Toni Tan）主任，感谢他们在本书出版过程中各个阶段所表现出的高水平的专业精神。

最后，当然也是最重要的一点，我要感谢我在香港、加纳、美国和挪威的家人，感谢他们一如既往地支持我无休止的研究工作。

xxxii

xxxiii

第一章　非洲人在中国的介绍

一　简介

在写这本书时我想要回答的最重要的问题是，在中国，一个非洲人的处境是怎样的？其他所有的问题、假设和研究谜题都是为了解决这个重要的问题，目的在于了解非洲人在中国的日常生活是怎样的。本书描述并分析了21世纪非洲移民进入中国的情况，同时考察了在亚洲这一地区诸种社区和海外移民形成的现状。为了回答这个主要问题，本研究提出并回答了一系列问题：为什么非洲人开始大量地进入中国，这一趋势在21世纪之前从未出现过吗？中国到底有多少非洲人？这些非洲人大部分分布在中国的哪个地区？他们在那里做些什么？他们是如何与他们的中国东道主包括中国人和中国政府进行互动的？最终，在中国的非洲移民社群的经历与其他地区的非洲移民社群的经历有何不同，比如与亚洲其他地区和西方国家的非洲移民相比？我也对未来这种非洲人涌入中国的现象所产生的影响进行了猜想，对未来可能产生的问题进行了探索，诸如在中国的非洲人的数量是否将继续增加，这种现象对于非洲－中国关系将产生何种影响。

在第一章中，我厘清了一些术语，如"非洲"、"中国"、"社区"、"移民"和"社会文化研究"，特别强调了这些术语在全书中的使用方式。我进行了历史回顾，并讨论了一些关于非洲人在中国和亚洲的文献资料。然后，我概述了非洲人在中国的地理位置以及在中国所发现的非洲人的类别。我也简要地说明了影响非洲－中国关系的因素。通过解释本人收集和分析的数据，我提出了一些关于迁移和社区形成的问题的理论见解。

二 非洲、中国、社区、移民和社会文化研究

作为本项研究的一个起点，我探讨了在本书中使用的一些关键术语的定义，包括"非洲"、"中国"、"社区"、"移民"和"社会文化研究"。

1. 在《非洲人在中国》一书的语境中，谁是非洲人？

2   "非洲人"这个词看起来在很多情况下是比较容易理解的。然而，在这本书的背景下，我们有很多维度来界定谁是非洲人。

非洲人的最简单的定义是指任何来自非洲大陆的人，来自 55 个非洲国家和地区的人，或者是任何来自非洲联盟成员国家的公民。因此，我的调查主要关心的是来自这个群体的成员，这似乎是官方的观点。在与非洲 – 中国关系有关的政府间的沟通也是如此。中国政府自认为在同非洲联盟内的所有国家打交道，特别是与那些承认一个中国的国家。

然而，现实并非如此简单。在中国，虽然越来越多的人了解非洲大陆本地人和海外非洲人之间的差别（尤其是非洲裔美国人、非洲裔加勒比人和非洲裔的欧洲人），但是，认为中国的所有黑人都来自非洲这个观点仍然普遍存在。尤其是当黑人首先认为自己是美国人或欧洲人而不是非洲人时，会使事情进一步复杂化，有时确实存在这种情况。因为在中国，在某些情况下，被认为是一个美国人或欧洲人时会更有优势。

甚至连来自非洲大陆的非洲人也不总是把自己当成非洲人。在"非洲人在义乌"这一章中，许多来自马格里布国家的人拒绝了采访请求，因为他们不认为自己是非洲人，这使我的中国研究助理惊呆了。众所周知，许多从北非国家，如埃及、北苏丹、利比亚、突尼斯、阿尔及利亚、摩洛哥以及西撒哈拉地区来的人大多有阿拉伯血统，他们在欧洲和亚洲等地倾向于否认他们的非洲人身份，因为他们认为被看作非洲人没有什么好处。然而，在确定其非洲人身份具有优势时，他们会承认自己的非洲人身份，如在贸易谈判时和建立商业联系时。

另一个与非洲人身份有关的复杂问题是非洲白人的问题。在中国，很少有人知道到存在着来自非洲的白人，比如生活在南非的人。普通中国人都很难意识到这一事实，就像前面描述的北非的非洲人一样。在中

国，许多非洲白人往往都倾向于隐瞒他们自己的非洲人身份，直到他们发现在某种情况下非洲人的身份可以为他们带来好处时，如商业机会，他们才会承认自己是非洲人。我曾经在广西南宁的一家酒吧遇到了一位白人男子，他的口音引起了我的注意。（和大多数的语言学家一样，我对通过人们的方言来识别其身份一直很感兴趣。）这个人对天发誓说他来自澳大利亚，但在我注意到他独特的南非英语口音之后，他终于承认自己来自非洲。

这些事实说明，在中国，"非洲"的概念并不是可以简单定义的。在写这本书时，我选择了包括那些来自非洲的55个国家和地区的人和/或被认为是非洲人的人。这意味着当我接触到潜在的被采访者时，我首先要确定他们是否属于这些非洲国家和地区的公民，或者他们是否认为自己来自非洲大陆。这个词本身就是一个复杂的问题。我在使用它时，如果一个人是美国人，但他认为自己来自非洲，我就把他算进去了。如果有人是摩洛哥公民，但不认为自己来自非洲大陆，我就不包括他。同时，如果有任何 4 来自非洲国家的公民同时也是非洲国家之外的公民（也就是说，如果他具有双重国籍），如果他认为自己是来自非洲，我仍然把他计算在非洲人之列。

总之，本书的"非洲人"这个词首先是指来自非洲任何一个国家的公民。它还包括了那些不是非洲国家的公民，但他们认为自己来自非洲，或者是具有非洲血统。

2. "中国"一词，就像在《非洲人在中国》一书中出现的那样，是否仅限于中国大陆？

就像"非洲"和"非洲人"的词条一样，"中国"和"中国人"的词条也不是那么容易界定的。当我在使用"非洲人在中国"这个短语时，我显然指的是在中国大陆的非洲人。然而，汉学家经常使用"大中华区"这个词，包括中国香港、澳门和台湾地区。更有争议的是，一些汉学家把新加坡作为大中华区的一部分，因为它是一个以讲汉语为主的国家。约翰·库柏（John Cooper，2003）指出，大中华区通常定义为中国大陆、香港、澳门、台湾地区，但一些学者认为，它还包括来自像新加坡这类国家的中国人。在这本书中，我将把"中国"或"大中华区"这一词条限制为中国大陆、香港、澳门和台湾地区。

因此，"在中国的非洲人"（African in China），从我们研究的目的来看，指那些来自非洲国家的公民或他们自己认为是来自非洲的，具有非洲血统，居住在中国或者来中国访问的非洲人。相关短语如"在中国的非洲存在"（African presence in China），不仅指具体在中国存在的非洲人或有非洲血统的人，也指非洲文化，包括非洲人在中国的机构和企业，如餐厅和艺术收藏，所有能展示非洲文化的场景，特别包括那些长期以来具有非洲情结的非洲人或有关人士的场景。

5 　　3. "社区"的真正含义是什么？

"在中国的非洲社区"这个短语似乎是不言自明的，甚至是没有问题的。但"社区"这个词确实不是那么简单，它具有中性的含义，特别是对于一些社会学家而言（Hillery，1955）。这个词在用来处理人类社会的问题时，有时与复杂性和文明程度相关，这样一来，只有更文明的群体才会最终形成社区，而"网络"一词则是为那些不那么文明和复杂的群体所保留的。

对我来说，"社区"和"网络"这两个术语都适合描述在中国的非洲人。在中国，非洲人之间的互动非常多，互动是描述社区的必要条件。交互的概念也假定了网络正在发生，因此每个社区都涉及一群人，他们不断地相互交流和相互联系。例如，住在高楼大厦里的人每天都坐着同样的电梯，却没有意识到和邻居互动，这些人并不是真正意义上的社区成员。但是，在市场环境中，一群人必须相互交流，进行商业贸易，这才是真正意义上的社区——市场社区。

虽然中国目前还不存在一个"枝繁叶茂"的非洲社区，但在中国的非洲人之间相互交流都非常多，这种交流存在于不同地区、国家、宗教和各种语言群体之中。实际上，我使用的"社区"这一术语非常接近冈佩尔兹（Gumperz，1962）使用的作为一种社会群体的"语言社区"，"这种社会群体可能是使用单语言或多语言，以频繁的社会互动团结在一起，考虑到周围环境的不利因素来进行交流"。帕特里克（Patrick，1999）指出，语言社区"可能由几个绑定在一起的小组通过面对面的接触来进行沟通或可能覆盖大部分范围，这是根据我们希望实现的业务需求层次来决定的"。在其

他许多语言和人类学的语言著作中，如海默斯（Hymes，1972）和拉博乌 6
（Labov，1972）对"社区"这个词的概念化也有类似的定义，语言学家们
的解释围绕着"语言社区"或"口语社区"的名称来展开。在这种范畴
中，并不一定意味着所涉及的人都说同样的语言，而是他们具有相似的文
化交流和互动。

因此，"在中国的非洲社区"（African community in China）这一短语
在这本书中被定义为：那些在中国的非洲群体，他们之间具有持续不断
的交流和相互的影响，同时基于他们来自的区域、国家以及宗教、种族、
民族、机构、教育、贸易、娱乐、兴趣及共性，组织成正式和非正式的
社会文化群体、网络、协会和俱乐部。在广州和其他城市有尼日利亚社
区；在香港有注册会员的加纳社区；在中国所有的非洲人居住地都有
教会团体；在广州和义乌有穆斯林的社区，这些人中包括非洲人和具
有南亚和西亚背景的人。还有非洲足球俱乐部和球队。非洲人还有自
己的或为他们服务的舞蹈俱乐部和酒吧。简而言之，在中国存在非洲
社区。

4. 什么是"移民社群"（Diaspora）①？

在许多学科中，"移民社群"研究是一个热门话题，但"移民社群"
这个短语本身就包含很多含义。这个短语源自希腊语，它从希腊语的 dias-
peirein 一词演绎而来，意思是"分散、散开"。维尔托维克（Vertovec，
1999）在对现代移民社群的研究中，为这个短语的定义概述了如下三层主
要意思：

> 目前，"移民社群"这个短语通常用来描述那些被认为是"脱离
> 家园"或"跨国"的人——也就是说，这些人居住在他们目前的土地
> 上，而其社会、经济和政治网络却跨越了民族、国家的边界，甚至跨
> 越了全人类。（第1页）

维尔托维克提到的三层含义包括把移民作为一种社会形式，作为一种

---

① 这个词的翻译有多种，如"离散社区"、"离散社群"、"在外散居者"等。本书译作"移
  民社群"。——译者注

意识，作为一种文化的产物：

> 在各种学术学科中，最近关于这个主题的论文至少表述了"移民社群"这一概念的三种含义，即我们可以称为"移民社群"的社会形式、"移民社群"类型的意识以及"移民社群"的文化生产方式。（第2页）

第一种意思与犹太人的经历密切相关，他们经常提起他们从一个历史家园中被流放的痛苦经历，现在他们被分散到世界各地。第二种意思可能是指许多的少数民族，如在美国有非洲裔美国人、亚裔美国人及印第安人等，他们都认同某些历史遗产。"移民社群"的第三种含义是指文化的产物，这与当前有关全球化的讨论密切相关，这种现象通常被人类学家和语言学家当作全球文化流动的对象如语言、图像和克里奥尔化和杂交过程的意义，以及文化和语言的转换来看待。

我在这本书中使用的术语与第三个含义非常一致。对我而言，"移民社群"，如"在中国的非洲移民社群"这一短语，包括那些在中国与非洲之间不断来回往返的非洲人的活动，最后导致移民（临时的或其他的形式），同时在中国形成的网络与社区。这些"移民社群"的网络和社区可能会与全球移民社群的特点一致，表现出一种非洲和中国文化和语言特征的混合性。

5. 社会文化框架

说到框架，虽然我在中国对非洲人的业务以及社会政治和社会经济方面进行了广泛深入的调查，但是我更关注非洲人的社会文化方面。我这里解释的社会文化研究概念的方式不同于其他研究中使用的方式。维戈克斯蒂（Vygoksty，1986）在学校教育和教育的背景下研究的社会文化理论，认为人类的发展是社会互动的功能，正如人们不能把一个孩子的发展当作一个个体的发展过程来看，而应该看到孩子生活环境的外部社会世界所起的作用。

对我来说，社会文化研究关注的是非洲人在中国社会背景下的生活以及他们如何展示自己的文化。这里强调的是基于区域、国家、宗教、种族、民族、机构、教育及贸易特点的社会群体因素和基于语言、沟通的文

化因素以及其他表达形式——音乐、服装、文学流派如电影和艺术作品 8
等，这些都有助于描述和解释在中国的非洲贸易活动。特别是正如前面所
提到的那些内容一样，我需要寻求的答案是，在中国，作为一个非洲人会
是一种什么样的情景？这就要了解非洲人是如何进行沟通的，他们使用什
么样的语言，他们如何与他们的非洲同胞进行联系，他们如何与普通的中
国人以及中国政府打交道，他们吃什么，他们如何做礼拜，总之，他们
在中国如何定义自己非洲人的身份。因此，这里我采用的社会文化的研
究方法是通过跨语言和跨文化的框架来描述的；我将运用"桥的理论"
（第二章所描述的）和身份确立的"跨文化理论"（第七章）来解释各种
问题。

三　历史概述和文献回顾

在这一节中，我将对非洲人在中国的事实做一个简要的历史回顾。非
洲人不仅仅是从 21 世纪开始进入中国。非洲人在中国的历史始于 21 世纪
之前，但我们缺少这方面的文献资料。这段历史必须放在更广泛的非洲人
在亚洲的背景下来审视，而亚洲本身尚未成为人们持续研究的主题。事实
上，如果有人把这种迁徙的活动作为一种非洲、亚洲和"西方"（西欧和
北美）三角形的方式来研究的话，代表非洲－西方和亚洲－西方的迁移活
动就会丰富得多，这是一条完整的实线，但三角形的非洲－亚洲这边会单 9
薄得多，是虚线，如图 1－1 中所显示的那样，说明有关这一领域的研究不
多，同时需要开展更多的研究。

图 1－1　非洲、亚洲和"西方"的移民

然而，有许多关于非洲人出现在亚洲的大城市如东京、首尔和雅加达
的消息报道（对此我在第八章中有所描述）。还有这方面的描述（Prasad

和 Angenot，2008），如有关印度和其他亚洲南部地区农村的土著群体的研究（如达利兹人，the Dalits），他们的祖先可以追溯到非洲。

有关非洲人在亚洲最好的书之一就是《亚洲的非洲移民社群》（*TADIA*：*The African Diaspora in Asia*）（Prasad 和 Angenot，2008）。更早的是《早期亚洲的非洲人》（*The African Presence in Early Asia*）（Rashidi 和 van Sertima，1995），这本著作是有关该主题最早出版的一本。

除了这些研究，没有什么很厚的专著持续地描述和分析 21 世纪随着中国于 2001 年 12 月加入世界贸易组织（WTO）而到来的非洲人移民中国的潮流。自拉希迪和凡·塞蒂玛（Rashidi 和 van Sertima）的卓越著作于 1995 年出版后到现在已经过了几乎四分之一个世纪了。该书中詹姆斯·布伦森斯（James Brunsons）撰写的章节《中国早期的非洲人》详细描述了非洲人对中国种族、历史和早期文明的可能贡献（Bodomo，2009c）。朗诺科·拉希迪（Runoko Rashidi）以及那本论文集的论文作者决不会知道，在 15 年之后会发生无可争议的目前的非洲人迁移到当代中国和中国人迁移到非洲的情况。

如前所述，本书试图描述非洲人在中国的情况。根据我的估计，大约有 200 万中国人在非洲生活，但只有约 50 万非洲人在中国生活，仅广州就有 10 万，其余的非洲人分布在如香港、澳门、义乌、上海、北京以及中国的一些南部沿海城市和中国其他中部及北部的一些城市。

四　非洲人在中国的地理位置

这一节广泛地概述了国际中心城市如北京、上海、广州等地的状况，在这些城市中心都居住着大量的非洲人。我将简单地解释一下在中国到底有哪些非洲人、他们为什么来到中国以及在中国他们将受到怎样的待遇。

在中国有许多不同身份的非洲人。有来自非洲的外交官和其他官方代表，还有来短期和长期学习的非洲留学生。此外，也有来自非洲大陆和其他非洲移民社群的专业人士。同时，还有一些非洲商人，他们在中国待的时间有的很短暂，有的则是永久的。

最后这一组人群是迄今为止规模最大的。作为非洲－中国关系黄金时代的一部分，很多非洲商人开始来到中国寻找他们可以购买的廉价商品，然后运回非洲出售。尽管这一过程始于在中国学习并留在中国做生意的非洲人，但是在 1997 年亚洲金融危机爆发期间这种状况出现了问题。许多在东南亚国家（如泰国、马来西亚和印度尼西亚）遭受到危机重创的非洲贸易商人只是简单地搬到中国居住，继续他们在非洲和亚洲之间的贸易活动（Bodomo，2009a，b）。

广州，中国最富裕省份之一广东省的省会，也被誉为"世界工厂"。在广州的非洲人比在中国其他任何地方的非洲人都多。事实上，由于居住在那里的非洲人数量非常多，因而整个城市通常被人们称为"巧克力城"。总的来说，在广州的西非人更多。

在浙江的义乌，情况有所不同，那里有许多人都来自马格里布地区，尤其是来自毛里塔尼亚、摩洛哥、埃及、利比亚、突尼斯和阿尔及利亚等国家。义乌通常被称为世界上最大的商品交易城市，是一个由中国政府建造的作为商品采购中心的新城市。从马格里布来的阿拉伯非洲人，尤其是那些已经在中国学习研究同时汉语又说得很流利的非洲人，他们在完成学业后，掌控着这些商品交易业务。然而，越来越多的非洲黑人开始来义乌居住。 11

在香港的非洲人，更多的则是来自南部非洲，尤其是非洲白人。在香港的南部非洲社区主要由南非白人组成，大约有 200 名成员。然而，除了每年一次的七人榄球周末——届时这些人一般都会穿着带有南非跳羚羊的 T 恤衫——人们一般不容易发现这些南非白人。位于九龙尖沙咀的重庆大厦是香港繁华的旅游购物区，那里有很多非洲黑人。

位于珠江出海口的澳门是原葡萄牙殖民地，那里有 1000 多个非洲人。这些非洲人主要来自原葡萄牙殖民地，如安哥拉和莫桑比克（Bodomo 和 Silva，2012）。

居住在中国北方城市里的非洲人具有不同的身份背景。在中国的首都北京，大多数非洲人是非洲国家派驻在大使馆和其他国际组织中的官方代表。大量的非洲留学生也都居住在首都北京。

在中国最国际化的城市上海也能找到所有上述身份的非洲人。然而，在上海目前还没有一个成熟的非洲人社区。相反，倒是有非洲人的网络社区，正如在上海的那一章中所描述的那样，我不得不改变研究方法以适应研究网络社区的要求。

在这一地理区域分布的非洲人代表着哪些类型？大约共有多少非洲
12 人？很难确定居住在中国的非洲人的真实数量。在我所调查的各个城市
中，甚至连中国当局都没有对特定地区非洲人的人数进行可靠的统计，更
不用说根据他们不同的职业、从事的不同贸易活动等来对他们进行分类统
计了。因此，我在这里报道的数据有些是基于一些教育理论的推断。以下
描述了在中国的非洲人的群体类别，以及大概的人数情况。

（1）商人（这个词在中国是指包括所有寻求财富的人，尽管他们
可能没有任何实质性的资本从事有利可图的商业贸易）：30 万 ~ 40
万人。

（2）学生和专业人士。

a. 靠中非合作论坛（FOCAC）基金以及其他的资金来源，包括靠
自己的家庭资助来中国学习的学生：每年 3 万 ~ 4 万人。

b. 在中国的非洲专业人员（教师、教授、足球运动员、政府官员
等）：4000 ~ 5000 人。

（3）游客（从非洲大陆来的和移民到非洲大陆的非洲人）：
1 万 ~ 10 万人。2010 年，从非洲来的 93000 名游客中，有 79000 人来
自南非。

（4）临时的商务旅游者（定义为大公司里的中、高级别的高管旅
游者）：1 万 ~ 2 万人。

将这些数字加起来使在中国的非洲人的总人数每年在 40 万 ~ 50 万人。

这些非洲人在中国受到的待遇如何？在我接触非洲同胞的过程中，特
别是在我的实地研究过程中，报道了一些种族主义和其他歧视的案例情
况，这可能源于语言和文化上的误解。然而，这并不是一种根深蒂固的系
13 统性的实践。相反，有许多中国人对非洲人充满了好奇，因为他们之前从
来没有与非洲人接触过。

五 非洲 – 中国关系

就像中国移民到非洲的情况一样，非洲的移民到中国也体现出非洲与
中国关系发展迅速的一个重要方面。在 21 世纪的第一个十年中，非洲 – 中

国关系迅速发展。事实上，人们可能会说，21 世纪的非洲－中国关系始于 1997 年的亚洲金融危机，随后在 2001 年 12 月中国加入了世界贸易组织（WTO）。在此期间，普通非洲人进入中国的数量显著增加，他们在中国购买货物后回非洲大陆出售这些货物，他们中的一些人甚至最终定居在中国，经营着自己的企业。与此同时，中国在非洲的投资大幅增加，致使 200 多万中国人出现在非洲。21 世纪非洲－中国关系稳步发展，2006 年在北京举行的非中合作论坛（FOCAC），几乎有 40 个非洲国家的政府首脑出席了此次论坛。出席这次论坛的非洲领导人的人数远远超过了除联合国总部以外的参加其他国家论坛的领导人的人数。

国际关系的概念可以概括为不同的层次，包括政府之间的关系和民众之间的关系。传统主流的国际关系研究强调的是政府之间的关系，也就是当前许多概念化的非洲－中国关系。然而，非洲人和中国人在非洲大陆和中国的混居要求我们使用人民－人民间关系的方法来研究这些状况——这正是我在这个研究中采用的方法。

在 21 世纪非洲－中国关系存在的这段时间内，出现了很多从各种角度 14 如社会政治、社会经济和社会文化对于这一主题的研究。这种多学科的研究导致大量的出版物出版，包括布罗蒂加姆（Brautigam，2003、2011），布罗蒂加姆和唐晓阳（Brautigam 和 Tang，2011），贺文萍（He Wenping，2009、2010），霍尔斯拉格（Holslag，2011），李安山（Li Anshan，2005），李鹏涛（Li Pengtao，2010），李伟建、张忠祥、张春和祝明（Li Weijiang、Zhang Zhongxiang、Zhang Chun 和 Zhu Ming，2010），刘鸿武（Liu Hongwu，2008），蒙德利和聂佃忠（Meng Deli 和 Nie Dianzhong，2011），米歇尔·比雷特（Michel Beuret，2009），米顿（Mitton，2002），朴尹正（Park，2009），罗特伯格（Rotberg，2008），沙伯力和严海蓉（Sautman 和 Yan，2007），宋（Song，2011），斯特劳斯和萨乌德拉（Strauss and Saavedra，2010），I. 泰勒（I. Taylor，2006、2008），M. 泰勒（M. Taylor，2011），张忠祥（Zhang Zhongxiang，2011）和赵明昊（Zhao Minghao，2010）。大部分的研究都集中在经济和政治问题上，但也有越来越多的学者关注社会学、人类学、文化和语言学方面的动向。在这里，我阐明了在非洲－中国关系中民众之间关系的重要性，同时我认为中国政府和非洲各国政府应该鼓励和促进非洲人民和中国人民和平相处，因为在中国的非洲人和在非洲的中国人可以成为进一步发展非洲－中国关系文化和经济的桥梁（Bodo-mo，2010）。

六　方法论

本章节描述了我研究非洲人在中国所使用的方法，即对非洲人在中国的状况进行了定性和定量相结合的研究方法。针对在中国主要城镇中大量的非洲人口，在社会文化框架内，我采取了基于经验的社会语言学和都市人类学的调查问卷方法。这种方法非常适合于梳理在不断发展的语言学和跨文化研究学科中出现的一些问题。

从2005年到2011年，我对这些社会语言学和城市人类学进行了6年多的研究。在进行每一项主要的调查之前都会有初步的访问，在此期间，我确定了研究领域，确定了现场的地理位置以及在社区中重要的参与者。根据收集的信息，我设计了最初的调查问卷。接下来，我在试点调查中使用了这些问卷，并在报告中统计了结果，从而使我能够知道问卷的哪些方面需要进行纠正和调整。通过这种方式，我确定了用于主要调查的各种问题。

每个地方的主要问卷报告（在接下来的章节中有更详细的描述）通常是由我和我的非洲和中国的研究助理在1~2周的时间整理的。调查问卷通常包括两部分：不同长度的问卷调查和对社区成员的深度访谈，包括社区领导人和社区中其他有影响力的人。

调查问卷用来确认参与者的国家、出生地、性别、年龄、社会语言学的概况（如他们在不同的地方所说的语言以及沟通方式）、他们的社会文化概况（如他们与当地社区联系的紧密程度）。然后，这些数据被汇编成详细的统计报告，这些报告以数字的形式提供了有价值的信息。对社区成员的各种访谈增加了问卷调查结果的有效性，这些定性的发现有助于更深入地了解我们在定量阶段所收集的数据。

在上海，我的研究方法和策略不得不适当改变以适应通过计算机沟通形成的有关社区的数据收集方法（Bodomo，2009c）。这些方法包括观察博客、在博客上发布信息、让博客成员回复以及观察这些博客参与者，这些博客参与者都是网络社区的成员。

　　这无疑是一种精心设计的研究方法，它结合了定量分析和定性分析方法。这项研究首次将这两种方法结合在一起，研究了新的非洲移民社区，从而对非洲人在中国的状况进行了更深入的研究。

　　接下来的每一章都将对非洲人在中国的六个主要中心城市的状况进行深入的阐述。在对他们所在的城市进行了描述之后，我详细说明了非洲社区分属民族和国家的组成情况、他们的社会语言学概况，包括他们在相互接触和沟通时使用的语言等重要问题。随后讨论的是非洲人都居住在哪里，他们为什么要住在那里，他们是如何生活的，如何继承他们的文化，他们是如何影响当地的中国人以及当地的中国人是如何反过来影响这些非 16 洲人的，还有这些非洲人是如何对非洲国家和中国的经济做贡献的。最后，第二章到第七章分别介绍了这些非洲移民社群或社区与国家之间的关系。

　　在最后的三章中（第八、第九和第十章），我对在中国的非洲人与在其他地方的非洲人，如在东亚和西方的非洲人（第八章）进行了比较。我首先总结了所研究的非洲人在六个主要城市的异同，随后评估了非洲人在中国与非洲－中国关系的一般意义（第九章）。在结论中，我对这一研究进行了简单回顾，并阐述了未来非洲－中国关系研究的意义。

第二章　非洲人在广州

一　简介

目前在广州和广东的其他地区有许多非洲人。他们大部分是商人，这些在广州的非洲人也是我要重点讨论的对象。应当指出的是，有些非洲人并非商人，但他们仍然与在广州的非洲人贸易社区产生互动，从而构成了非洲人在广州的生活场所和生存状况。

根据由非洲人和有非洲血统的人移民中国并建立社区的比例和力度变化，设想在100年的时间内在中国可能出现一个非常成熟的中国籍非洲人少数民族，他们要求被作为一个特殊的族群，同时要求被授予充分的公民权利，这并不夸张。由此会产生一些问题，如这些少数族群的起源、他们留在中国的原因、他们的语言和文化背景、他们对中华民族做出的贡献以及这些非洲社区成员所面临的挑战等。

在这一章中，我通过关注在广州——广东省的省会及华南地区最具世界性的大都市——出现的一个非洲贸易社区，试图对这些问题做出回答。基于比较详细的问卷调查以及深入的访谈与社区的互动，我给这个社区建立了一个资料库，展示了那些非洲人做出的重要贡献。我认为促进中非关系最好的方法之一就是通过认可这些在中国做出重要贡献的非洲人，提高在中国的非洲人的福利待遇，同时使他们在促进中非社会经济整合中发挥重要的桥梁作用。

二　文献综述、理论建构与研究地的背景

1. 文献综述

虽然天秀大厦和普通的小北路地区已成为中国内地、中国香港和欧洲

日报、周刊和其他杂志与周期性的报纸刊物所报道的对象，但是只有很少的学术研究一直关注这一新兴的非洲社区问题（如 Bodomo，2007a，2007b，2010a；Bertoncello 和 Bredeloup，2007；Li、Ma 和 Xue，2009；Le Bail，2009）。贯穿于这些对中国现代非洲社区早期研究的一个共同主题是对于这种状况新颖性的关注。大多数研究使用"涌现"（emergence）这个词来描述在中国出现越来越多的非洲人的现象，这意味着当非洲人实际上已经在中国居住了有很长一段时间后，非洲人迁移到中国并在中国形成社区的这种现象仍是一种新奇的事。这种现象只是从 20 世纪 90 年代后期开始，各界大量的非洲人迁移到中国从事经商活动，在中国的非洲人的存在才引起了人们的注意。

2. "作为桥梁的移民社区"理论

在这一章中，我提出了一种桥梁的理论来描述这种新兴的移民社区的作用。基于以统计研究为基础以及对这一社区的成员和社区的领导进行深度访谈，我建立了社会语言学和社会文化的模式以探讨这个社区作为中非关系桥梁所发挥的作用。

对于移民社区的居住地至少有两种理论观点。把该社区看作脱离了更大的东道主社区的一块飞地（enclave）（Li、Ma 和 Xue，2009）或一个前哨（Bertoncello 和 Bredeloup，2007）。或者，它也可以被看作被较大东道主社区同化、整合的社区。这些都代表了一种二维的方法。然而，有一种更深入的方法来寻找这样的情景，即通过使用一种三维的方法来识别目标社区、其来源社区与东道主社区。对于目标社区与东道主社区的互动而言，可能既有包含元素也有排外的两种元素，同时还有整合。目标社区也可以作为一种连接或联系——事实上作为一个桥梁——即来源地（来源社区）与新的住所（东道主社区）之间的连接。这是我的想法，同时通过我在广州非洲社区的研究结果，从理论方面阐述了移民社区的作用。一个社区不可能完全是一个飞地，因而很难将其自身与其所在的社区完全隔离开来，或完全融入东道主社区。然而，在适当的条件下，它可以作为来源社区和东道主社区之间的桥梁。我要申明，这种移民社区作为一种桥梁的理论，可以用来考虑解决在接触语言学和跨文化或在其他研究领域的都市人类学的新兴领域里的问题。

3. 广州的"巧克力城"

广州是中国最大的市场之一，吸引着来自中国不同地区的许多商人。

由于各种原因（参见 Li 等人，2008），广州也吸引了很多的非洲商人。重要的是，广州坐落于广东省，这里是中国最大的廉价商品制造基地，这些商品被非洲人用船运回非洲。

　　本章的研究重点是天秀大厦的非洲社区以及其他附近的建筑和市场如登峰宾馆和迦南商场，以探讨非洲人和中国人之间语言和文化的关系。广州的这个地区已被人们戏称为"巧克力城"，因为有许多非洲黑人居住在这个地区[1]。我在研究过程中，利用不同时期进行了问卷调查，地点主要在小北路的天秀大厦（见照片 2–1）和服装市场（见照片 2–2），包括迦南外贸服装城和两个在广元西路的天恩出口贸易大厦。

照片 2–1　在小北路的天秀大厦

照片 2–2　迦南外贸服装城（左）和天恩出口贸易大厦（右）

4. 建筑和市场

一年多的问卷调查主要是在天秀大厦、迦南外贸服装城（所谓的"迦南市场"）和天恩出口贸易大厦进行的。

天秀大厦位于环市中路 300 号，分为 A、B、C 三幢楼，由一家香港公司在 1994 年建成。交易中心位于这三幢楼的第一层。天秀宾馆位于 B 栋的较高楼层，天秀大厦的其他楼层主要是由不同的公司用作办公场所（如船舶公司、贸易公司等）。在交易中心，不同的商店销售不同的商品，如纺织品、西服、休闲服及其他服装、手机、电视机、摩托车以及许多其他商品。每天，非洲商人都会来到交易商场进行采购。他们订购货物后将商品运到非洲。

迦南市场是一个服装批发市场，位于广元西路 94 号。它有三层楼，第三层楼通到了广元西路，那里是主要入口，第一层楼和第二层楼都在地下。这里出售的大部分衣服都是休闲服，整个第二层楼都是销售牛仔裤的商店。

有两个天恩出口贸易大厦。一个是最近建成的，因此被当地人称为"新天恩"；另一个是所谓的"老天恩"。这两个建筑都是直接横跨迦南市场前的马路，里面都是零售（相对于批发而言）商店。在老天恩里没有多少商店，它地下有两层，地上也有两层，那里有一些商店销售休闲服装。

三　研究方法

本研究从 2006 年 7 月开始，初步考察并确定了研究的范围，同时确定了该社区研究领域的位置以及重要的参与者。基于我第一次访问中所获得的信息资源，我设计了调查问卷，并于 2006 年 12 月进行了试点调查。这些问卷产生的那个报告（Bodomo，2007b）表明我需要纠正和修改一些条目来设计一个更好的调查问卷。本章的主要调查发生在不同的时间，从 2008 年到 2009 年年底，是由我和两个助手进行研究。本研究由三部分构成：约 350 份调查问卷，其中 312 份问卷是有效的；对 8 位社区成员进行的深入访谈；在广州非洲社区的四位领导人与我的研究团队一起举行的重点小组会议。

调查问卷包括27个问题，涉及调查参与者的国籍、性别、年龄、社会语言学的背景（如他们在不同的地方说什么语言以及与当地人沟通的方式）及其社会文化状况（如他们如何与他们所在的东道主社区紧密联系的）。然后，根据收集到的数据，我整理出详细的统计报告。

问卷调查的第二部分即深度访谈是一种定性的研究，这种研究所发现的关于对这个社会主观但有价值的事实，是不可能由本研究定量部分那些获得的原始统计数据来确定的。

本次调查的第三部分——与非洲领导人的重点小组会议——进一步深化了这种研究，因为重点小组会议展现出那些推动这个社区现在和未来发展的主要人物的视角。

四 分析：广州"巧克力城"的社会文化概况

1. 人口统计和社会语言学的概况

下面的图表资料提供了受访者的年龄、性别、民族及职业方面的信息。

（1）年龄

从表2-1和图2-1我们可以看到，在所有311位受访者中有241人做出了回复。可以说将近80%的受访者年龄在25岁到40岁之间。

这表明，参与访谈的人群相对年轻。事实上，到广州来的非洲人通常是处于工作年龄的人群，也就是处于他们人生挣钱的黄金时代。

23

表2-1 受访者的年龄段（广州）

单位：人

年龄段	受访者人数	年龄段	受访者人数
≤20岁	8	35~40岁	40
21~24岁	30	41~44岁	15
25~30岁	141	45~50岁	13
31~34岁	60	51~55岁	4

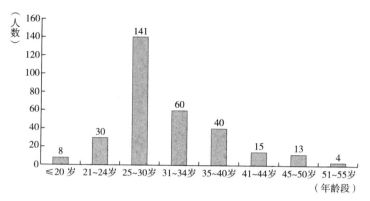

图2-1　受访者的年龄段（广州）

（2）性别

在我的研究群体中存在着一种巨大的性别失衡：男性有256人，而女性只有56人（见表2-2、图2-2）。这种情况反映出在广州的非洲贸易社区男性占绝对优势。

表2-2　受访者的性别（广州）①

单位：人

性　别	受访者人数	性　别	受访者人数
女	56	男	256

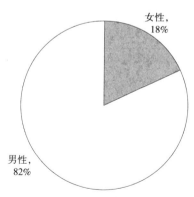

图2-2　受访者的性别（广州）

① 此表总人数为312，与表2-1总人数311不符。根据作者解释，本书中访谈问卷的反馈有时会出现数字不统一的情况，本书中其他地方或也会遇到类似情况，不再赘述。——译者注

24

19

对于在广州和中国其他地区的非洲人口性别失衡这一现象的另一种解释是，在非洲当一对夫妇经商时（通常是一个商店或在城镇或村庄的市场里的摊位），传统的做法是女人负责日常的零售业务而男人则到遥远的地方如曼谷、迪拜和广州采购进货。当然，女性也外出旅行，但外出旅行的角色大都由男人担任，这是在非洲的家庭生意中已经建立起来的男女分工的模式。这种经商模式可能对其他文化也一样具有典型性，但它似乎在非洲文化中表现得更为突出。

（3）受教育水平

在非洲的许多地方，人们普遍的看法是，只有一个典型的辍学者才会进入一个独立的零售业务行业，去全国各地或到各国采购进货做贸易。然而，与这样的观念相反，超过40％的受访者说他们接受过高等教育（见表2-3）。

因此，我面对的是相对受过良好教育的在广州的非洲人。可以解释这种情况的一个事实是：在非洲的许多地方，公务员和在其他政府部门工作的人（如教师、警察，甚至大学讲师）都不能保证他们能够获得可以过一种体面生活的工资收入。这些大学毕业生因此觉得有必要加入零售行业，尤其是具有进出口性质的行业，这远比在非洲许多地方做那些拿工资的工作更有利可图。

表2-3 受访者的受教育水平（广州）

单位：人

受教育水平	受访者人数	受教育水平	受访者人数
无	8	大学	120
小学	16	研究生	9
中专/高中	142		

（4）职业

在广州做生意的非洲人只是交易者，主要业务集中在零售和自营进出口贸易，或许他们也从事其他的职业。统计表明，绝大多数的人说他们的职业是"商人"（businessman）或"经销商"（trader）。但是，少数人从事其他的职业，如教师、艺术家、足球运动员、篮球运动员和家庭主妇等（见表2-4）。

表 2 - 4　受访者的职业（广州）

单位：人

职　业	受访者人数	职　业	受访者人数
商人（businessman）	246	医生	1
经销商（trader）	18	教育行政人员	1
学生	20	家庭主妇	1
教师	6	记者	1
艺术家	2	讲师	1
批发商（merchant）	2	音乐家	1
行政人员	1	足球运动员	1
篮球运动员	1	零售商（retailer）	1
库房老板	1	销售人员（seller）	1
采购员	1	无业人员	2
厨师	1		

　　这并不奇怪，因为只要建立起非洲社区就会有一些种族群体的要求需要得到满足，具有其他背景的非洲人，如艺术家（通常是音乐家）、足球运动员、理发师和厨师正好满足了社区的需求。事实上，一些迎合非洲发型的理发店和美容美发店开始遍布"巧克力城"。许多非洲餐馆也如雨后春笋般出现在天秀大厦。

（5）国籍

　　对于居住在广州中心地区数量超过 10 万的非洲人到底都来自哪些非洲国家的问题，大家都有共同的好奇心。我的研究结果表明，在超过 300 位的受访者中，58 人是尼日利亚人（最大的群体），38 人是马里人（排名第二），35 人是塞内加尔人（排名第三），30 人是加纳人（排名第四），29 人是几内亚人（排名第五）。这表明，前五类都来自西非；其余的受访者来自多个国家，如刚果（布）、南非、坦桑尼亚、乌干达以及肯尼亚，他们属于最引人注目的西非组以外的群体（见表 2 - 5 和图 2 - 3）。

表 2 - 5　受访者的国籍（广州）

单位：人

国　籍	受访者人数	国　籍	受访者人数
尼日利亚	58	冈比亚	3
塞内加尔	35	安哥拉	2
马里	38	英国	2

续表

国　籍	受访者人数	国　籍	受访者人数
几内亚	29	布基纳法索	2
加纳	30	中国	2
刚果（布）	13	科特迪瓦	4
南非	10	利比里亚	2
坦桑尼亚	11	索马里	2
多哥	8	乍得	1
尼日尔	7	加蓬	1
肯尼亚	6	德国	1
布隆迪	4	日本	1
塞拉利昂	4	莫桑比克	1
乌干达	10	卢旺达	2
赞比亚	4	贝宁	2
美国	3	津巴布韦	1
喀麦隆	3	肯尼亚	1
加拿大	3	未表明	5

29

　　从这些调查结果我们可以推断，这个社区的绝大多数成员来自西非国家如尼日利亚、塞内加尔、马里、加纳和几内亚。其中一个原因可能是生活在这些国家的人口数量较多。例如，尼日利亚人口超过 1.5 亿，是非洲人口最多的国家。因此，毫不奇怪，在中国的尼日利亚人数量也最多。事实上，尼日利亚的社区领袖指出，有超过 10000 名的尼日利亚人生活在广州（这个数字可能会更高）。大部分西非人在这个地区的第二个原因是，冷战期间，西非学生在中国和其他东方国家学习的人数可能远远超过来自非洲其他地区的学生人数。一些学生在他们学习结束后留了下来，同时鼓励他们国家的其他成员来中国做生意。这一观点的一个强有力的证据是加纳 - 几内亚 - 马里联盟——一个昔日以这三个国家命名的、由前加纳总统恩克鲁玛和前几内亚总统塞古·杜尔倡导的西部非洲政治集团，这是冷战期间非洲最早的政治团体之一，这些政治团体与包括中国在内的社会主义阵营结成联盟。据推测，在中国学习的学生中，来自这些国家的学生人数要比来自非洲其他地区的学生人数多。我的研究表明，在广州的这个非洲社区发展得最好的成员来自马里和几内亚这两个国家。事实上，马里人和几内亚人是广州、香港和中国其他许多地方最早的非洲社区成员。

30

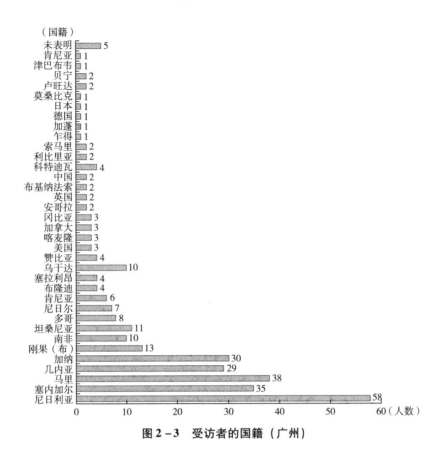

图2-3 受访者的国籍（广州）

2. 接触语言学："巧克力城"的社会语言学状况

在广州的非洲社区是一个有趣的跨语言沟通的实验室，应该值得接触语言学家和跨文化沟通专家关注。这个社区的成员经常抱怨非洲人和中国人之间的沟通困难。有趣的是，大多数非洲人既不讲英语也不讲法语，当他们第一次访问中国时，他们惊讶地发现，在广州的中国人没有几个人会说一点英语，更不会说法语。假设在中国英语和法语是很常见的语言，非洲人会毫无疑问地将他们跨语言的经历与他们在西方国家的旅行经验进行比较。在这项研究中，我呈现了在这一新兴社区的成员所讲的各种母语的基本信息，然后描绘了一幅广阔的语言技能画面，包括什么是混合语，社区成员还说一些什么语言，非洲人说汉语的熟练程度。对于一项针对该社区的独立的和更详细的接触语言学研究来说，这些都是重要的考虑因素。

31

（1）母语

我在询问这个问题时所面临的一个主要问题是，在中国的非洲人往往倾向于把他们国家的官方语言或国语作为他们的母语。例如，来自尼日利亚或加纳的人有可能会把母语说成是英语而不是伊博语（Igbo）或加语（Ga）。我发现在中国的非洲人更愿意把自己的母语与英语或法语联系起来，或许是因为说这些语言会赋予他们一定的威望，也或许仅仅是因为大多数中国人没有意识到非洲还有其他许多的本土语言是非洲的母语或本族语。受访者中，65人说法语（最大的群体），42人讲伊博语（第二），24人讲英语（第三），14人讲豪萨语（第四）。剩余的受访者讲的语言有很大的不同（见表2-6和图2-4）。

表2-6 受访者的母语（广州）

单位：人

母 语	受访者人数	母 语	受访者人数
法语	65	葡萄牙语	1
伊博语	42	奥罗波语	1
英语	24	南德语	1
豪萨语	14	摩尔语	1
富拉尼语	13	马宁克语	1
斯瓦希里语	16	曼德语	1
班巴拉语	10	卢希亚语	1
曼丁哥语	9	科姆语	1
林格拉语	7	卢旺达语	1
布来语	6	基库尤语	1
扎尔马语	5	刚果语（Kikongo）	1
特维语	7	伊卡语	1
沃洛夫语	4	古尔马语	1
苏苏语	4	德语（German）	1
基龙迪语	4	加语	1
约鲁巴语	3	埃维语	1
索马里语	3	伊多语	1
卢干达语	8	葡萄克里奥尔语	1
滕内语	3	本巴语	1
伊比比奥语	2	巴萨语	1
汉语	2	巴尔维语	1

32

母　语	受访者人数	母　语	受访者人数
扎加瓦语	1	巴方语	1
索里尔语	1	"刚果"语（"Congolese"）	1
索宁凯语	1	芳蒂语	1
绍纳语	1	未表明	14

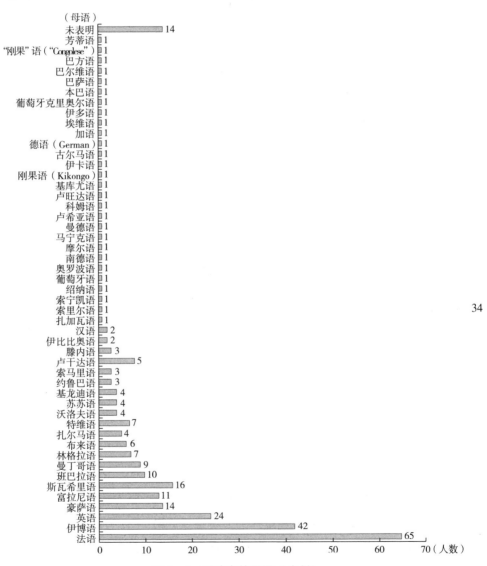

图 2－4　受访者的母语（广州）

顺便说一句，大多数受访者的母语——伊博语、班巴拉语和富拉尼语——分别为尼日利亚、马里和几内亚等几个国家的人所使用，如前所述，这三个国家的人数在这个非洲社区中占大多数。

（2）其他语言

除了母语外，243 位受访者使用英语，86 位说法语，42 位说汉语，18 位说阿拉伯语，16 位说豪萨语，13 位说斯瓦希里语，12 位说富拉尼语。除此之外，还有人使用其他许多种不同的语言（见表 2－7 和图 2－5）。

表 2－7　受访者使用的其他语言（广州）

单位：人

其他语言	受访者人数	其他语言	受访者人数
英语	243	布来语	2
法语	86	泰语	1
汉语	42	滕内语	1
阿拉伯语	18	俄语	1
豪萨语	16	尼昂加语	1
斯瓦希里语	13	挪威语	1
富拉尼语	12	马来语	1
约鲁巴语	9	林格拉语	1
埃维语	9	兰巴语	1
葡萄牙语	7	卢旺达语	1
普通话	5	刚果语	1
沃洛夫语	3	卡努里语	1
西班牙语	3	日语	1
科托科利语	3	伊博语	1
特维语	2	德语（German）	1
印尼语	2	佛兰芒语	1
加语	2	荷兰语	1
芬兰语	2	德语（Deutsch）	1
达格巴内语	2	广东话	1

（3）汉语和英语的熟练程度

我也试图探讨受访者对汉语、英语的掌握能力。只有 12% 的受访者声称他们的汉语水平"优秀"或"良好"，而 36% 的人说他们掌握的汉语水

35

36

平程度低于平均值，甚至更低。约有35%的受访者表示他们一点汉语也不会说（见表2-8和图2-6）。

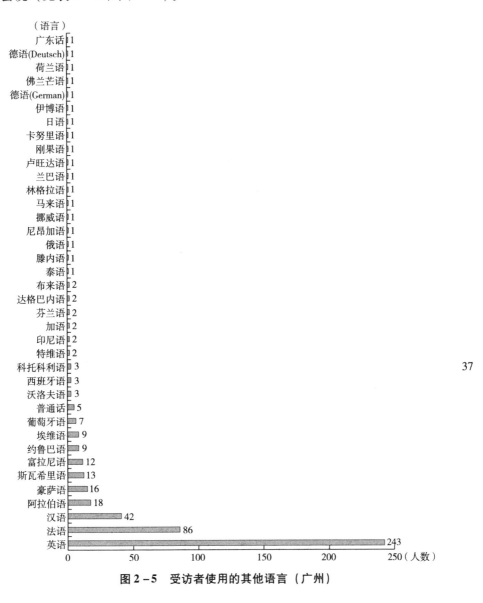

（语言）

图2-5　受访者使用的其他语言（广州）

相比之下，95%的受访者称他们的英语水平介于"一般"和"优秀"之间，仅4%的人认为自己的英语水平"很差"或"较差"，而1%的人说他们不会说英语（见表2-9和图2-7）。

显然可以看出，受访者对于汉语水平的掌握如此不娴熟，在沟通上一定会有问题。

表2-8　汉语的熟练程度（广州）

单位：人

熟练程度	受访者人数	熟练程度	受访者人数
优秀	7	较差	26
良好	31	很差	87
一般	53	不会	108

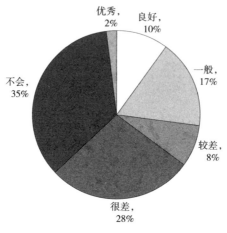

图2-6　汉语的熟练程度（广州）

（4）作为国际语言的英语、法国和汉语

我的调查表明，绝大多数的受访者（接近80%）把英语作为共同的语言或国际语言来使用。至于第二种通用语言，141人认为是汉语，100人认为是法语。具体数据在表2-10、表2-11和图2-8、图2-9中有所显示。

表2-9　英语的熟练程度（广州）

单位：人

熟练程度	受访者人数	熟练程度	受访者人数
优秀	108	较差	8
良好	127	很差	8
一般	58	不会	3

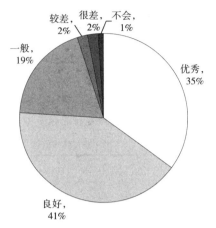

图 2－7 英语的熟练程度（广州）

表 2－10 英语是否为通用语言（天秀大厦）

单位：人

观 点	受访者人数	观 点	受访者人数
是	244	不是	68

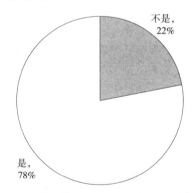

图 2－8 英语是否为通用语言（天秀大厦）

表 2－11 第二种通用语言（广州）

单位：人

语 言	受访者人数	语 言	受访者人数
汉语	141	广东话	7
法语	100	班巴拉语	2
豪萨语	4	约鲁巴语	1
斯瓦希里语	4	苏苏语	1

续表

语　言	受访者人数	语　言	受访者人数
林格拉语	3	索宁凯语	1
伊博语	3	索马里语	1
富拉尼语	3	普拉尔语（Pulaar）	1
英语	3	克里奥尔语	1
曼丁哥语	2	没有其他语言	52

41

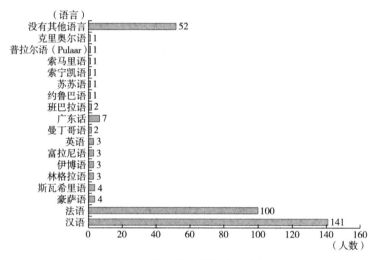

图 2-9　第二种通用语言（广州）

（5）沟通的问题和洋泾浜及"计算器交流"的发展

　　因为在广州居住的非洲人使用了不同种类的语言，同时居住在这一城市里的居民又都不太精通英语，所以重要的是我们要找出在那里生活的非洲人在和中国人沟通时通常会在什么样的情况下遇到问题。34%的受访者声称，他们从来没有或很少遇到过沟通方面的问题，而 70% 的受访者声称他们有时、经常或总是遇到这类问题。[①] 结果如表 2-12 和图 2-10 所示。

---

① 两种情况加起来超过 100% 。本书作者认为这种比例上不规范的问题比较普遍，因为收回的调查问卷存在着各种不规范的回答。——译者注

表 2－12　遇到沟通问题的频率（广州）

单位：人

频　率	受访者人数	频　率	受访者人数
从不	71	经常	61
很少	21	总是	18
有时	103		

42

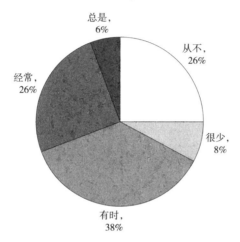

图 2－10　遇到沟通问题的频率（广州）

　　这些数据表明，有三分之二的受访者在沟通交流上存在问题，这一点在我们深入的访谈中明显地表现出来。事实上，我自己在观察非洲人在中国商店购买商品时就觉察到了这一点。

　　那么，这些沟通问题是如何解决的？通常会有两个主要策略：翻译并结合一种新兴的洋泾浜语手势。大多数非洲的商店有一位双语（即汉语和英语）秘书，这些秘书通常是一位年轻的，从广东周边省份如湖南、广西、河北①毕业的女大学生。秘书为她的非洲老板和中国商店的供应商提供基本的翻译和口译服务来帮助他们交流。她也会用英语或法语与那些在商店购买商品的来自非洲的商人直接交流。年轻女翻译的存在是这个社区接触语言和跨文化交际状况的一个显著特点。这将会继续成为广州的非洲社区跨语言和跨文化交流的共同场景。应该指出的是，自 2011 年以来，越

43

---

①　原文如此。——译者注

来越多的中国人开始设立自己的店铺，从而分走了非洲贸易业务丰厚利润的一杯羹。

3. "计算器交流"作为发展洋泾浜的一部分

另外一个策略经常被当地社区的许多成员幽默地称为"计算器交流"。

在广州的非洲人经常开玩笑说，即使他们不会说中国话，他们在与中国人做生意时也没有沟通上的障碍，因为在交易时，他们可以通过使用计算器同时结合基本的身体动作组合来进行交流。这主要是在购买和询价交流中的一种非言语的活动，往往始于非洲买主利用手势和基本的英语或法语短语指着商品问价，如"多少？"或"多少钱？"中国卖家以在计算器上输入要卖出的价格给非洲商人作为回应。反过来，非洲商人通过摇头来表示不同意这个价位，因为在大多数非洲人看来，市场上的价格都是可以协商的。然后他把他能接受的商品价位输入自己的计算器给中国商人看，中国商人通常会是一个女人。中国人会对这个价位结合她自己的手势，以及汉语的基本短语如"不对"（不正确的）或"好的"（看样子可以）来回答。这一价格协商过程一直持续到买卖双方按照约定的价格成交，或者不能够达成协议而放弃交易。在市场上进行讨价还价以寻找一个较低的价格是一种非常普遍的非洲社会文化的实践，而中国商人很快就学会了通过计算器、肢体语言、基本的汉语和英语进行表达，将这种实践进行了完美的结合。人们有时也会使用法语，但用得较少。

44   我相信这种计算器交流或计算器语言是一种新生的非中洋泾浜和洋泾浜语的重要组成部分。这些元素本身还不能构成洋泾浜语，仍然处于早期的发展阶段，还存在着非洲英语和汉语以及非洲法语和汉语的混合体。因此，人们可能会听到这样的短语和句子如"My friend（我的朋友），多少钱？"和"Mon ami, ceci la（我的朋友），多少钱？"在这种情况下，非洲买家在用英语或法语以及一些基本的汉语的混合方式进行询价。当非洲人在他们自己之间（不是与中国供应商）用非洲的土著语言来进行交流时，有时也夹杂着中国话。因此，举例来说，当两个非洲人用伊博语、豪萨语、斯瓦希里语或特维语等非洲语言进行交流时，他们有时会在彼此用非洲语言交谈的句子中加入一些汉语词语。这种跨文化和语言市场的状况是近10年形成的，所以对我来说，要证明目前在广州市场有这样一种坚实的洋泾浜语及其发展的整个过程还为时尚早。但是，随着时间的推移，它有可能作为一种成熟的洋泾浜语，其发展结构将会成为多语种尤其是语法分析的课题。

"计算器语言"的场景

我使用"计算器交流"的术语来描述人与人之间的沟通过程，是因为非洲商人和中国商人缺乏一种有效的通用语言进行交流，在这种情况下计算器发挥着重要的作用。我使用"计算器语言"的术语来表示在这种沟通过程中出现的特定的词和短语。如前所述，计算器是用来讨价还价的。为了了解在使用计算器进行交流时，人们会使用什么样的自然语言，我花了一个下午的时间漫步在天秀大厦，观察到了一个非洲商人与一个中国商人的交流过程。非洲商人指着一件物品即一块非洲布的样片，然后用英语问："这个，多少钱？"中国商人在她的计算器上输入她想要卖出的价格，用汉语说："二十块。"（二十美元）（我保持了一定的距离，因为我不想让非洲商人认为我，一个非洲同胞，在这种购买的情景中是一个潜在的竞争对手。因此，我没有听到他们说的实际价格）。接着，中国商人用英语说："二十美元。"（表示复数的 s 没有发音）。非洲人摇头表示不同意（这是在非洲市场的一个普通的谈判策略，在交易中非洲人很少支付卖方第一次的要价）。他将他想要买的价格输入到他的计算器，然后给那位中国商人看。接着，这个中国女人摇了摇头表示反对，说："不对，不好。"（不正确，不好）。在此场景中，买卖告吹，因为那位非洲人突然走了，我短暂的观察也就结束了。随着自动电子翻译技术不断融入计算器中，未来在这些设备上可以输入越来越多的文字，这种推测是可能的。因此，"计算器语言"可以发展为在计算器/翻译设备上电子生成的更为复杂的书面短语。

总之，"沟通工具的交流"术语是以结合肢体语言、英语、法语和汉语短语为特点的，同时将数字输入计算器。"计算器语言"是这种广阔交流活动的一个特殊方面，更注重在互动中所使用的具体的单词和短语。

因此，在广州（和中国的其他地方）这些非洲人与中国经商者之间缺乏一种共同的有效的国际用语，这种情况下计算器交流与计算器语言一起成为这些新兴的洋泾浜或混合语的重要组成部分。

4. 社会文化的认同：有一种适应中国社会的文化过程吗？

在介绍了非洲人在广州的背景和社会概况后，现在我要对自己的发现进行评论：非洲人在中国社会或他们所在的东道主的社区里是否互动或认同，或者他们是否基本上还只是处于他们自己封闭的文化世界里。

（1）自我认同

问卷调查的有关部分主要关注的是受访者的文化认同，因为我对于了解受访者在广州待了一段时间之后是否会认同自己是广州人颇感兴趣。近一半（43%）的受访者认为他们绝对不会将自己认同为广州人。只有很少人认为自己是当地人。事实上，充其量只有约5%的人确定自己是广州人。细节如表2-13和图2-11所示。

表2-13 作为广州本地人的自我认同程度

单位：人

认同程度	受访者人数	认同程度	受访者人数
很大	16	较小	61
较大	16	很小	43
中等	41	没有	134

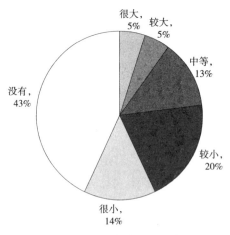

图2-11 作为广州本地人的自我认同程度

这些反应是不足为奇的，这些结果也与我在较大的非洲社区进行深入访谈的结果相吻合。这是因为本研究面对的是新兴流动社区——他们中只有少数人（大约10%的人声称他们与东道主社区有联系）因长期居住而落户到社区，他们或成为店主和/或在中国结婚——往往是非洲男人与中国妇女组建家庭。在几十年之后当这种社区已形成时再来看看类似的调查结果将会很有趣。

（2）文化活动

如果只有小部分非洲人能够认同并与较大的中国社区进行互动的话（随着社区的日益发展，人数应该会越来越多），那么我想谈谈他们所从事的文化活动（如节日、音乐和舞蹈）。非洲人在中国庆祝他们自己国家的节日时通常不太张扬。相反，根据我的参与和观察，我注意到，非洲社区已经开始有夜总会，他们播放很多非洲音乐，包括流行于非洲城市以及大众化的嘻哈音乐和单曲。非洲人开的这些夜店（主要位于著名的花园酒店附近）在许多中国年轻人中非常流行，同时也正是在这里，建立了许多非洲和中国之间的文化联系。2011年，尼日利亚社区成立了社区文化中心，这一中心有可能证明是跨文化交流的主要资源。我注意到在我与社区成员交流时，这种跨文化的互动可以是一种文化沟通的路径，往往始于非洲人与中国人结合的混血夫妇。随着时间的推移，尤其是在两代或三代人之后，这些非洲人将会逐渐演变成一个非洲 – 中国人的少数民族。

（3）食品

鉴于食品是构成一个社区社会文化背景的重要方面，我把调查问卷中一些问题的重点放在了解受访者的饮食习惯方面——他们是否还是从他们的原籍国消费食品，消费多少以及消费频率是怎样的，同时对中国食品的消费方面是否有任何文化适应的问题。

①受访者对中国食品的消费

我询问了受访者消费中国食品的频率，这种消费程度可能在一定程度上反映出他们的同化程度。结果表明，超过四分之三的人（78%）至少是有时消费中国食品，而22%的受访者很少或根本不会消费任何中国食品（见表2－14和图2－12）。这意味着，他们中绝大多数人（10人里面约有8人）接受了中国食品，而中国食品是中国文化的一部分。

②受访者对原籍国食品的消费

受访者食品消费模式的调查结果显示，51%的人总是或经常吃从他们自己国家带来的食品，而41%的人有时会这么做。相比之下，8%的受访者很少或从不吃从他们自己国家带来的食品。详情见表2-15和图2-13。

表2-14　食用中国食品的频率（广州）

单位：人

频　率	受访者人数	频　率	受访者人数
总是	41	很少	29
经常	63	从不	40
有时	138		

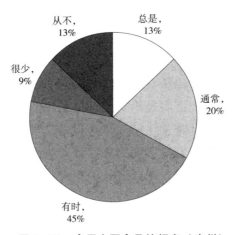

图2-12　食用中国食品的频率（广州）

　　食品消费习惯的调查结果表明，在广州的非洲人虽然仍很重视非洲的传统食品，但对中国饭菜也持开放尝试的态度。事实上，令人惊讶的是，在大厦里有大量的非洲餐馆（见照片2-3），有相当一部分的非洲人发现，这里非洲餐馆的数量要比香港和中国其他地方多得多。

表2-15　食用原籍国食品的频率（广州）

单位：人

频率	受访者人数	频率	受访者人数
总是	84	很少	16
经常	75	从不	9
有时	125		

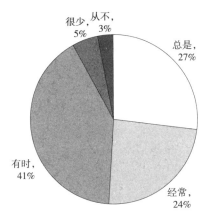

图 2-13 食用原籍国食品的频率（广州）

然而，人们也能经常见到非洲人在许多中国餐厅吃饭的情景。通常情况下，混血夫妇中妻子是中国人，丈夫是非洲人（最常见的配对），他们分别轮流准备中国食品和非洲食品。

照片 2-3 天秀大厦里的一个非洲餐厅

这些食品消费的模式清楚地表明，广州的非洲社区在中国与非洲国家之间发挥着文化桥梁的作用。

37

5. 使用他们自己说的话：深度访谈的选择

为了完成本人进行的非洲人在广州的文化档案的建设，我描述了这个社区的成员们在我对他们进行深入访谈中所谈到的一些观点。虽然我完成了八个这样的采访，但是由于篇幅的原因，我在这里只选用了三个人的观点，他们分别是两个非洲商人和一个该社区的中国人。

（1）深度访谈之一：马里商人

A 先生，马里人，2000 年开始在天秀大厦以售货员的身份经商，他在广州购买商品如服装，然后在马里出售。典型的非洲商人一般都是以较低的价格在中国购买商品，然后以较高的价格卖到非洲，通过这种方式来经营他的业务。广州是一个特别好的地方，能以较低的价格购买到所需的商品。

2002 年，A 先生在积累了一定的资本并且熟悉广州后，扩大了自己的业务范围，同时也搬进了天秀大厦的 A 栋。作为一个商人，A 先生首先接收来自非洲的订单和货款，然后采购客户需要的货物，再用船舶运给他的客户。他把货物发送到非洲不同的地区：刚果（布）、赞比亚、科特迪瓦、贝宁，当然还有马里。这种类型的生意是很常见的。生活在非洲的非洲商人不需要亲临广州来采购他需要的商品，在广州还有许多其他像 A 先生经营的这种贸易公司。然而，还有许多非洲商人选择自己来中国，为的是寻找更多的商业机会和自己选择所需商品。

因为 A 先生在广州设有办公室，所以他居住在这个城市。他解释说，他并没有觉得在广州生活很艰难。事实上，他认为，在这里的生活与他在家乡的生活没有什么太大的不同。他在广州可以享受到非洲的食品，这里还有非洲的朋友。然而，当他第一次来到广州时，他遇到的问题是沟通，主要是因为在广州讲英语的人太少，更不用说能讲法语的人。在面谈的时候，A 先生已经学会讲一点汉语，所以他现在已经没有遇到此前他遇到过的那些沟通方面的问题了。

和许多非洲商人一样，A 先生抱怨更多的是签证的问题，包括签证的成本、花费的时间和精力以及续签的时间。正是由于这些原因，在我采访他的那一年，A 先生计划永久性地返回马里。签证事宜的确大大影响了非洲商人在广州的商业活动。他们中的许多人对 2008 年 8 月在北京举行奥运会期间实行的限制签证政策很不高兴。

（2）深度访谈之二：尼日利亚商人

M 先生，尼日利亚人，第一次来到广州。因为这是他首次来同时又是一个人单独来，所以他还不太了解这个城市，包括市场的位置，他心中也没有特定的目标产品。和许多新移民一样，在他决定采购某种产品之前，他试图自己去探索广州。在天秀大厦外他被一辆摩托车吸引住了，他停下来去询问价格。他认为这是非常典型的情况，当许多非洲商人第一次来到广州，或当他们开展业务的时候，一开始他们并不知道要买什么。他说他们通常怀着一种开放的心态去购买任何一种展示的商品以便带回非洲市场进行测试。他们寻找的产品通常是服装，如休闲装、套装以及纺织品。

M 先生在广州的社交圈不是很大。他在这座城市里没有什么朋友，无论是中国朋友还是非洲朋友。然而，他在广州却有一些相关的贸易活动。由于大多数广州人不讲英语，他又不会汉语，因此 M 先生遇到了许多沟通方面的问题。这种沟通问题阻碍了他以任何其他方式去进一步了解广州，但他相信这不会影响他做生意，因为商人是使用手势和计算器来进行"交流"。和许多其他非洲人一样，M 先生学会的第一句汉语短语就是"听不懂"，即"我不知道"。这种现象进一步表明非洲商人在中国会经常面临沟通问题。M 先生得出的结论是："我不明白为什么中国人不说英语。" 53

（3）深度访谈之三：中国商店的店员

李女士是兰州人，兰州是中国西北甘肃省的省会。她曾作为广州迦南外贸服装批发交易中心一个休闲服装店里的店员工作了两年。因为服装市场的主要客户都是非洲人，所以李女士每天都能遇到这群客户。她说，大多数客户都来自加纳和尼日利亚，其中大部分都是热情的批发商和零售商。

来到这家商店工作之前，李女士在类似的商店接待的客户是中国人。当我问她与中国人做生意和与非洲人做生意有什么不同时，她说她与非洲人做生意有过不好的体验。在她看来，很多非洲客户都不遵守诺言。例如，他们会要求商店在一个星期之内给他们提供商品，但他们不会按时过来收取他们订购的货物。然后，在为他们生产出所需商品之后，他们会说没有钱支付。据李女士说，一些信奉基督教的非洲人会"以上帝的名义"来处理这些问题，这意味着他们对这些问题也束手无策。李女士觉得与非洲客户的互动也很难，因为她认为非洲男人遇到女人时表现得太直接。她说她有一些非洲客户甚至是在第一次与她会面时就问她要电话号码和地址。有些人甚至在他们第一次见面时就宣称他们爱她，这种情形触怒了她，因为大多数中国人都会认为这样做有点太过头了。因此，她觉得她遇到非洲客户的问题主要是在中国人和非洲人之间存在一般的宗教和文化差异。

6. 调查数据与深度访谈的总结

通过问卷调查和深入访谈，本节更详细地总结了在广州的非洲社区的社会文化状况——主要是那些在早期建立过程中的社区的状况。因此，根据其社区成员如何确定自己的身份、选择什么样的朋友、从事何种文化活动以及他们所食用的食品种类来看，社区在很大程度上仍然是一个沉浸在非洲文化之中的非洲社区。然而，社区成员的世界观也在平稳地发生着变化。他们正逐步地感受到他们所生活的中国社会的影响，他们也逐渐通过他们的相互作用影响着中国人。我关注的移民社区，不管它是一个民族飞地还是已经整合到东道主的广州社区，它正在社区的原籍国成员与东道主国之间逐渐形成了社会文化的桥梁，从而促进了非洲与中国之间文化的发展。

7. 社会经济角色：非洲的贡献

在这一部分使用的调查结果来自我与在广州的非洲社区的领导人召开的一个重点小组会议，主要说明了这个社区在促进广州城市经济和生活发展各方面所做的贡献，从而加强了非洲与中国之间的经济联系。

2008 年 5 月 30 日，我的两名助手和我会见了四位来自非洲社区的领袖，他们分别来自加纳、几内亚、尼日利亚、喀麦隆。[2] 我们要求领导人讨论三个与他们社区有关的问题：

（1）你是如何成为你们社区的领袖的，是什么动力促使你继续为你们社区服务？

（2）在你看来，你们社区对于发展非洲和中国关系的贡献是什么？

（3）你们社区所面临的主要问题是什么？各种团体可以通过什么样的方法来解决这些问题？

由于篇幅问题，我不可能提供有关这些问题的全部答案，但我要强调相关的部分。

8. 广州非洲社区的（非）正式组织

这些领袖们认为他们之所以能处在这个突出的位置主要是由于他们的无私，他们对领导广州非洲社区做出了贡献，尽管这些社区没有严密的组织结构。事实上，并不存在一个具有公认的顶层领袖的非洲社区。这些社区在广州形成的早期，有两个或两个以上的社区领袖进行竞争或互补，这种现象并不罕见，这些领袖来自如尼日利亚或喀麦隆等不同的国家。但是，领袖们已经开始与不同的非洲社区的人团结起来一起工作，他们甚至成立了大型的社区办事处，事实上最开始是在尼日利亚设有非洲领事馆的城市成立的这些社区办事处。大部分会议主要是解决社区面临的紧迫问题，如 2008 年 8 月北京奥运会举办之前，中国政府对非洲人和许多其他外国人实施了签证限制收紧的政策。许多非洲人抱怨这引来了当地警察和其他执法人员的不断骚扰。

非洲社区的组织主要是按国家来进行编排的，但是，在广州尼日利亚社区的领袖证实，即使在一个国家的社区，经常也有许多派别，那里的人们可以找到自己的种族或宗教。他说："2007 年，因为我们尼日利亚社区非常大，在广州有太多的领袖……但时至今日这些领袖都已经变成了一个总负责人。"他解释说，在广州有 7000～10000 名社区成员，虽然尼日利亚人数可能要更多（因为不是所有的人都正式注册为社区成员）。在广州的喀麦隆主要负责人说："2005 年，社区因为语言问题而崩溃，在喀麦隆有两种官方语言——英语和法语。"虽然受到挫折，喀麦隆社区似乎管理得比较有条理，有大约 1500 名成员，甚至还颁发社区身份证。对于喀麦隆社区总负责人来说，为他的社区服务是一种爱的劳动："激励我这么做的就是爱。没有爱，你就是零。爱，使我来做所有的这

56

41

些事情。"然而，一些社区通过举行正式选举来产生领袖。几内亚社区有300名成员，每两个月举行一次会议，同时每年召开一次大会，几内亚总负责人解释说："因为选举，我在广州当选了，我被选为整个中国几内亚社区的领袖。"最后，在广州的加纳总负责人提到团结的问题是鲜为人知的阻碍非洲社区发展的原因之一：事实是人们分散在全国各地，即使他们都远离非洲来到了这里，他们可能也不愿意一起做事。他观察到，"即使在同一个社区，人们可能来自不同的部落，具有不同的成长环境，有着不同的教育背景，等等。要处理所有的这些问题，领导者需要有耐心，而且还要热心帮助他人，关心他人"。

尽管非洲社区的组织结构相对松散，但是其在广州市中心作为一个重要的、明显的移民社区建立了一批重点的文化设施，包括酒吧、商务贵宾室以及做礼拜的地方如教堂和清真寺。

9. 社会经济的贡献

57　　社区的领袖们也讨论了在广州的非洲人对经济方面的贡献。他们确定了四个主要领域方面的贡献。

（1）经济的桥梁

首先，他们清楚地认识到他们是非洲客户和中国供应商贸易关系的促进者。正如几内亚负责人尖锐地指出：

> 中国的领导认为非洲人不用到中国来也可以与中国做生意，这个想法是错误的。广州百分之九十的非洲人在当地的非洲商人和那里的中国工厂、中国商人之间起到的是中介的作用。没有非洲人在中国，就没有非洲与中国之间的业务。

这句话清楚地证实了我的理论观点，即非洲人在广州起到联系中非之间商务贸易桥梁的作用。

（2）形象的建设者

这些领袖多次谴责中国人只呈现非洲人和非洲的负面形象，这种形象有时会导致当地人对广州的非洲人的种族歧视。这些领袖认为，他们必须努力建立非洲的正面形象。在许多方面，作为非洲大陆和文化的大使，他们认为自己是非洲的代言人。几内亚的负责人感叹道："从媒体

上来看非洲的形象是非洲人大都死于艾滋病和饥饿。"加纳的领袖认为
在广州的非洲人可以通过提供"第一手资料"来帮助中国人更好地直接
了解从非洲大陆传来的经验和非洲文化。换句话说，在广州的非洲人不
应该只是单纯地与负面形象做斗争，而应该通过与中国东道主一起生活
和参加活动来塑造积极的正面形象。事实上，这些领导人许多都在他们
的社区组织了文化活动，给广州的居民提供了解非洲文化、价值观和生
活方式的机会。此外，非洲音乐和舞蹈的传播有助于促进文化的交流。
在广州，有许多商店销售非洲的音频和视频产品。在广州的酒吧和夜总
会有许多非洲人的老顾客，他们大多数演奏着非洲音乐。每个典型的星
期日，人们可以在广州的石室圣心大教堂、没人注意的酒店里以及其他
不起眼的建筑中那些较小的非洲教会参加各种各样的非洲人的宗教礼拜
活动。

（3）中国人就业的机会

四位非洲领袖在重点小组会议上多次指出，非洲商店的老板雇用了许
多中国人，这的确对广州和中国做出了重大的贡献。喀麦隆的领袖说：
"很多喀麦隆商人拥有自己的店铺，在中国雇用了许多中国人。"他认为，
"许多中国人的英语和法语之所以说得好，并不是因为他们在学校里对于
语言学习掌握得有多好，而是因为他们与非洲人在一起工作练习而来的结
果"。如前所述，那位中国女助手在广州的一家非洲商店里工作就是一种
普遍现象。这些助手大多在开始讲英语和法语时带有非常明显的非洲口音
和非洲语言特点（如词汇的选择、句法的结构），这明显是在沟通时受到
她们非洲对话者的影响。

（4）导师和教育者

在访谈中领袖们强调，在广州的非洲人有一个重要但不被广为所知的
贡献，那就是非洲人成为他们雇用的许多中国助手的导师。加纳领袖认为
他的办公室（过去）就像是与他一起工作的中国人的另一个课堂。非洲社
区的这一重要的社会角色深受很多广州劳动者的赞赏，尤其是那些为非洲
人工作的人，他们都是从外地来广州打工，很小就离开他们的家乡孤身一
人来到广州生活和工作。对于大部分人而言，这都是他们第一次离开家
乡。因此他们把他们的非洲老板和其他受人尊敬的非洲社区成员当作导师
和教育者就不足为奇了。

五　讨论和结论

在全球化的时代，随着世界许多地区日益紧密地相互联系，移民社区将更加突出其特点，特别是在许多中心城市，在世界超大的城市尤其如此。人们绝不会是两手空空地过来移民，他们至少将永远会带上他们的源文化和土著语言。移民社区的成员除了从原籍国的社区带来他们的价值观之外，他们也将逐渐学习东道主社区的文化、语言和价值观。因此，移民社区作为在不同语言和文化之间接触点的角色，成为许多学科领域具有吸引力的一个研究课题，如接触语言学、社会语言学、都市人类学和跨文化传播的研究。

广州的非洲贸易社区就是这样一个移民社区，值得交叉学科专家关注。将广州的非洲社区看作桥梁有其含义。如果像本章许多地方所证明的那样，这个社区成为中非语言和文化之间的接触点，那么，广州市政府、广东省政府，事实上，整个中国政府都应从整体上来认识这种重要作用，使其成为促进非中经济发展的最佳途径之一。这一关联可以用来加强非洲与中国多方面的联系——语言、文化、经济等。无论是中国政府还是非洲各国政府都可以利用非洲社区成员来发挥重要作用，同时解决他们面临的问题——诸如不切实际的签证，居留限制和永久性以及一般不甚清晰的永久居留权及获取公民权的问题，从而巩固非洲与中国之间日益增强的经济联系。广州的非洲贸易社区在许多方面在非洲和中国之间起着一种新兴的桥梁作用，在努力有效地发展非洲与中国之间的经济关系中，其作用不能被忽视。

尾注

1. 中国报纸《南方都市报》2008 年 1 月某篇报道写道："由于这里的非洲人的肤色是黑色或棕色，该地区被广州人称为'巧克力城'。"

2. 感谢中山大学的李志钢（Li Zhigang）博士来参加这个会议，同时他还参与了我们的讨论。

第三章　非洲人在义乌

一　简介

排在广州之后，中国另一个最突出的非洲商人群体在浙江省义乌。我先要描述一下义乌的地理位置、环境，尤其是它如何从一个农村小镇一跃而成为世界上最大的小商品城。然后我会阐述在这个大型商贸城——商品市场的长度超过一千米——的非洲人社区。非洲人在这里的活动并不局限于贸易市场。这里也有宗教场所，因为非洲人在义乌享受着进行礼拜活动这种不寻常的自由（相对于广州而言），这一点从这里存在着中国最大的清真寺和遍布义乌的教堂可以看出。我也会讨论在这个社区进行的约 50 位非洲人的广泛的个人问卷调查以及与两位成功的非洲企业家进行深入访谈的详细结果，以此说明在中国的非洲人所扮演的投资者角色在不断变化。最后，我会比较在广州和义乌的非洲人待人接物方式的不同。我认为，尽管广州是首先接纳非洲人的地方，也确实拥有最大的非洲人社区，但是，由于当地执法人员对非洲人处理问题的方式不同，广州与义乌相比，广州失去了一个成为国际文化贸易典型城市的绝好机会。

二　义乌：从浙江的一个小村庄到全球最大的商品市场

在 20 世纪 80 年代，中国政府想出了一个绝妙的主意：在这个幅员辽阔的国家制造出了很多的产品，可以在中国中部的某个地方将这些商品集中在一个城市里。这就催生了世界上最大的一个商品市场——义乌。没有人确切地知道选择义乌是否出于政治目的。义乌相对孤立于附近的大城市。从广州到义乌，坐飞机时间是两小时；从杭州到义乌，开车一个小时；从金华市到义乌，坐出租车只需四十分钟，中国最大的非洲研究机构就位于金华市。

（一）非洲人在义乌——日常生活

在义乌的非洲人大多数都是商人，所以他们的生活大都围绕着这个商品市场转。这个市场位于稠州北路，下面是我现场笔记的摘录，表明了这个市场有多大，以及不同群体的非洲人通常光顾这个市场的哪些地方：

> 位于稠州北路的义乌市国际商贸城包括六个部分或分为六个区域。贸易项目几乎包括所有的制造商品，特别是珠宝首饰、玩具、人造花卉、建筑材料（如钥匙和锁）、电器等。到目前为止，在这个庞大的市场中只有第一、第二和第三部分对外营业，其余部分仍在建设之中。在第一部分看到的大都是非洲的阿拉伯人和非洲之角的人。而另一方面，第二部分吸引了许多从撒哈拉以南的非洲国家来的非洲人，如刚果（布）、乌干达、布基纳法索和肯尼亚民主共和国。这是因为第二部分主要提供建筑材料和其他种类的材料。在撒哈拉以南非洲许多国家有蓬勃发展的房地产市场和普通的建筑市场，这也就是人们买了许多家用电器和电器设备包括分电插座和钢钉后送回非洲的主要原因。总的来说，正如在广州的市场一样，我们很难找到这些商人，要在购买季节的高峰能约他们进行访谈总是需要我们研究人员有足够多的沟通技巧。（笔者的调查日记，2008 年 12 月 11 日）

对于非洲人而言，他们生活在义乌主要但不完全是做贸易生意。除了一千米开外的大市场外，社区活动如吃饭、祷告构成了他们生活中的重要组成部分。在义乌的非洲人的生活整天围绕着这个巨大的国际贸易市场、餐馆、礼拜场所转，特别是全中国最大的清真寺。这些非洲人是谁？他们大多从哪里来？我的问卷调查结果从语言学和社会文化概况方面提供了更多的细节。

（二）义乌的社会文化概况

这项调查是 2009 年 7 月 8 日至 7 月 17 日进行的，主要在义乌市场。下面的内容摘自我的研究助理杨晓霖的日记，她生动地描述了这个市场的状况。

在义乌有不同的贸易市场批发零售各种各样的商品，如文具、时钟和手表、眼镜、玩具、厨房和浴室五金、工艺品、鞋、服装和许多其他种类的小商品。生意人从世界各地来到这里，尤其是阿拉伯人，在那里他们几乎可以以较低的价格买到他们想要的任何东西。

在义乌有很多市场，义乌最大的市场是福田市场，也叫国际商贸城，分为四个区。不同地区[1]有不同的商店销售各种不同的小商品。市场延伸约一千米长，如此之大，可能只是穿过去就需要花一整天的时间。我们的问卷调查主要是在这个市场靠近 25 门的特定地区进行。人们通常从中午 12 点开始进来，由于市场下午 5 点后关闭，他们从下午 4 点开始离开市场。因此问卷调查每天都在这一特定的时间内进行。

义乌是一个有趣的城市，因为它是一个建立在贸易商务基础之上的城市。整个城市实际上就像是一个市场。到处都可以找到市场，有很多酒店为外国商人提供居住的地方。而且这里有许多进出口贸易公司。在贸易公司有很多男女年轻人，作为翻译陪同客户购买物品。

虽然市场是每天都很容易找到外国商人的地方，但在其他地方如清真寺、教堂、餐厅和"夜市"——一个很大且明亮的城市中心部位，也有可能发现外国商人，人们在这里可以找到包括衣服在内的各种物品，同时也能在露天大排档里品尝到各种美味佳肴。

在义乌有一个叫作义乌中心清真大寺[2]的地方。它已经建立起来了，因为在义乌穆斯林越来越多，他们中的 60% 来自国外如也门、伊拉克、伊朗、摩洛哥、突尼斯、埃及、苏丹和许多其他国家，他们中的 40% 是中国的穆斯林。据估计，每个星期五约有 7000 名穆斯林聚集在一起做礼拜。祈祷于下午 1 点钟开始，持续约 30 分钟。所以每个星期五在义乌中心清真大寺都很容易找到很多非洲的穆斯林。

照片 3-1 是义乌中心清真大寺的一张照片，这是穆斯林做完祈祷后离开清真寺的情景。

杨晓霖的日记继续：

义乌还有一个很大的基督教教堂称为新恩堂。这并非一个专门为外国人使用的基督教教堂，每个星期日上午 10 点，这个教堂有英文礼拜，在这里通常能见到许多非洲黑人。

照片 3 - 1　义乌中心清真大寺

（三）在义乌的非洲人

以下部分是我对 52 名非洲人进行调查的细节。这些非洲人大多来自马格里布和非洲之角。然而，应该指出的是，这并不意味着该样本具有代表性。

1. 人口统计数据

（1）年龄

在 52 名受访者中，14 人在 35 岁到 40 岁之间，13 人在 25 岁到 30 岁之间，13 人在 31 岁至 34 岁之间（见表 3 - 1）。

表 3 - 1　受访者的年龄段（义乌）

单位：人

年龄段	受访者人数	年龄段	受访者人数
≤20 岁	1	35 ~ 40 岁	14
21 ~ 24 岁	4	41 ~ 44 岁	5
25 ~ 30 岁	13	45 ~ 50 岁	2
31 ~ 34 岁	13		

68

（2）性别

在受访者中，4 人为女性，48 人为男性（见表 3-2）。如果女性受访者的样本更多，情况有可能会不同，但此时此刻，在中国的非洲男人的数量仍然要比非洲女人数量多。

表 3-2　受访者的性别（义乌）

单位：人

性　别	受访者人数	性　别	受访者人数
女	4	男	48

（3）受教育水平

所有受访者至少都受过中学教育，有 29 人学完了大学的课程（见表 3-3）。

表 3-3　受访者的受教育水平（义乌）

单位：人

受教育水平	受访者人数	受教育水平	受访者人数
中专/高中	23	大学	29

（4）职业

大部分受访者（52 位里有 50 位，即 96% 的受访者）都认为自己是商人（businessman）或经销商（trader）。有一位受访者称自己既是一个商人，又是一个系统分析员（见表 3-4）。

表 3-4　受访者的职业（义乌）

单位：人

职　业	受访者人数	职　业	受访者人数
商人（businessman）	48	经理人	1
经销商（trader）	2	系统分析员	1
网络工程师	1		

（5）国籍

受访者来自 16 个不同的国家。在 52 位受访者中，7 位是埃塞俄比亚人（最大的群体），6 位是苏丹人（第二大群体）（如表 3-5 和图 3-1 所示）。这里似乎有差异。虽然我们的实地调研表明，在这个社区里有更多

49

的人来自北非（尤其是马格里布），但是我的中国助理研究员遇到了问题，那就是我在第一章里描述的一些北非人拒绝被认定为非洲人的态度问题。当我的助手第一次接触他们时，他们说他们的国家是利比亚、突尼斯、埃及、阿尔及利亚等。然而，当我的助手跟他们解释说，自己在做一个有关非洲研究的项目，要整理出一个问卷调查时，受访者认为他们不是非洲人然后走开了。这样的态度可以解释为什么在义乌，显然更多的非洲人来自北非，但在问卷调查中，这个数字没有统计出来了。当然，并不是所有在义乌生活的所有马格里布地区的人都持这种态度，事实证明有些人同意接受采访（3人来自埃及，3人来自阿尔及利亚，1人来自突尼斯）。

表3-5　受访者的国籍（义乌）

单位：人

国　　籍	受访者人数	国　　籍	受访者人数
埃塞俄比亚	7	埃及	3
苏丹	6	安哥拉	3
加纳	5	阿尔及利亚	3
尼日尔	4	坦桑尼亚	2
肯尼亚	4	尼日利亚	2
刚果（布）	4	突尼斯	1
索马里	3	塞内加尔	1
马里	3	卢旺达	1

70

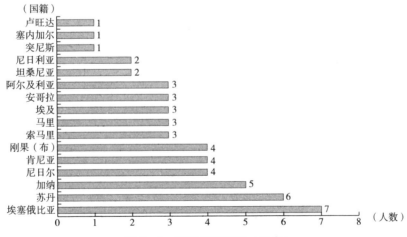

图3-1　受访者的国籍（义乌）

（6）母语

有21位受访者说自己的母语。在52位受访者中，13人说阿拉伯语，这是最流行的语言（见表3－6和图3－2）。

表3－6　受访者的母语（义乌）

单位：人

母　语	受访者人数	母　语	受访者人数
阿拉伯语	13	阿散蒂特维语	2
阿姆哈拉语	7	约鲁巴语	1
斯瓦希里语	5	沃洛夫语	1
特维语	3	林格拉语	1
索马里语	3	基苏库马语	1
金本杜语	3	卢旺达语	1
基库尤语	3	伊博语	1
豪萨语	3	法语	1
班巴拉语	3	布朗语	1
德语	2	阿夸平语	1
芳蒂语	2		

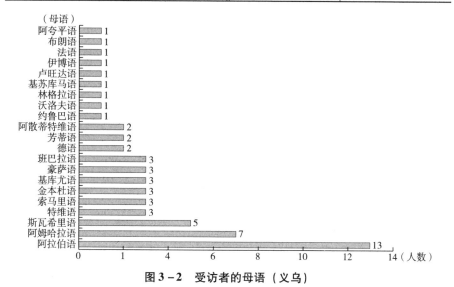

图3－2　受访者的母语（义乌）

（7）其他语言

除了自己的母语外，绝大多数的受访者（48人）会说英语，16人会说法语。他们中的一些人（14人）还会说汉语（见表3-7和图3-3）。

表3-7　受访者使用的其他语言（义乌）

单位：人

其他语言	受访者人数	其他语言	受访者人数
英语	48	豪萨语	2
法语	16	扎尔马语	1
汉语	14	约鲁巴语	1
阿拉伯语	8	意大利语	1
葡萄牙语	4	加语	1
斯瓦希里语	3	埃维语	1
西班牙语	3	迪乌拉语	1
俄罗斯语	2		

73

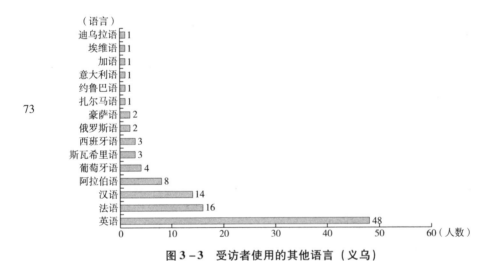

图3-3　受访者使用的其他语言（义乌）

（8）留在义乌的理由

同时我还希望找出受访者留在义乌的原因。根据他们的回答，他们中
74 的大多数在义乌都有贸易业务。此外，他们中的一些人（14人）说，他们
本来就住在这里（见表3-8），有些人甚至是学生，想必是他们在学习的
同时也从事一些贸易活动。

表 3 – 8 留在义乌的理由

单位：人

理 由	受访者人数
我在这里有经商的业务	52
我本来就住在这里	14
我在这里学习	2

（9）在义乌停留的时间和访问的次数

我还调查了受访者在义乌停留的时间。我发现他们中的大多数人（52人里有36人）在义乌待了1个月或不到1个月的时间，只有少数人（52人中有7人）在义乌待了1年以上（见表3 – 9和图3 – 4）。

表 3 – 9 停留的时间（义乌）

单位：人

停留的时间	受访者人数	停留的时间	受访者人数
1个月以内	36	1~3年	5
1~3个月	3	3~5年	1
3~6个月	2	5年以上	1
6个月至1年	4		

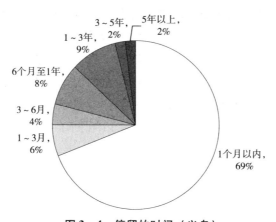

图 3 – 4 停留的时间（义乌）

我还调查了一个问题，就是询问受访者去过义乌多少次。他们中19人只到过义乌1~2次，有10人到过义乌3~4次（如表3 – 10和图3 – 5所示）。

表3-10 访问义乌的次数

次数（次）	受访者人数（人）	次数（次）	受访者人数（人）
1～2	19	7～8	4
3～4	10	>8	4
5～6	2	不适用*	13

*作者并未解释为何会出现这种情况。——译者注

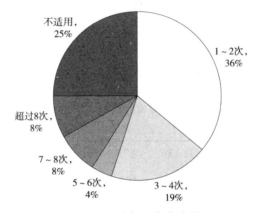

图3-5 访问义乌的次数

（10）汉语和英语的熟练程度

我们设置了两个问题来确认受访者在义乌沟通时使用的两大语言——汉语和英语的熟练水平。结果表明，大多数受访者（52人中有36人）表示他们的汉语水平很差或根本不会讲汉语。只有少数人（9人）声称，他们的汉语水平优秀、良好，有6人表示他们的汉语水平一般（见表3-11和图3-6）。对于英语水平而言，52人中有27位受访者声称他们的英语良好，11人表示其英语水平很好（见表3-12和图3-7）。

表3-11 汉语的熟练程度（义乌）

单位：人

熟练程度	受访者人数	熟练程度	受访者人数
优秀	2	较差	1
良好	7	很差	19
一般	6	不会	17

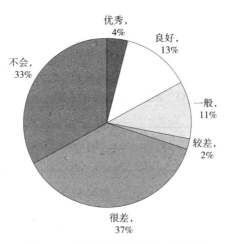

图 3 - 6　汉语的熟练程度（义乌）

表 3 - 12　英语的熟练程度（义乌）

单位：人

熟练程度	受访者人数	熟练程度	受访者人数
优秀	11	较差	2
良好	27	很差	4
一般	7	不会	1

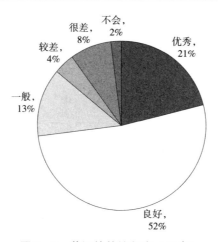

图 3 - 7　英语的熟练程度（义乌）

（11）英语和其他语言在义乌的普及程度

我们提出的另一个问题就是，在义乌英语是不是通用的语言。52 名受访者中有 38 人认为英语不是通用语言（见表 3 – 13）。事实上，根据我的观察，大部分非洲商人都经常带着翻译去市场，这进一步证实了英语在市场上并不是一种通用语言。

表 3 – 13　英语是否为通用语言（义乌）

单位：人

观　点	受访者人数	观　点	受访者人数
是	14	否	38

在回答对于他们而言"另一种经常使用的语言是什么"这一问题时，28 人认为是汉语。18 人认为除了英语外再没有其他通用的语言（见表 3 – 14 和图 3 – 8）。

表 3 – 14　第二种通用语言（义乌）

单位：人

79

语　言	受访者人数	语　言	受访者人数
没有其他语言	18	阿拉伯语	8
汉语	28		

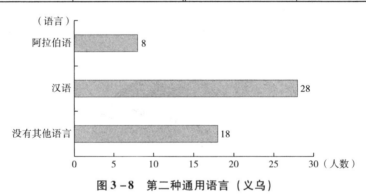

图 3 – 8　第二种通用语言（义乌）

（12）沟通问题

作者本人还调查了受访者是否遇到过沟通的问题，如果遇到过，这种情况的发生频率怎样。几乎一半的人表示，他们总是（12 人）遇到或有时（13 人）遇到沟通方面的问题，超过一半（27 人）的受访者声称，他们从来没有遇到过任何沟通方面的问题（见表 3 – 15 和图 3 – 9）。这有可能是因为他们中的大多数人常常与他们带来的翻译在一起，从广州的调查结果来看也有类似的情况，而依靠翻译帮助沟通的现象在义乌似乎更为普遍。如果不是这样的话，那么在调查中就可能会出现更多沟通的问题。

表 3－15　遇到沟通问题的频率（义乌）

单位：人

频　率	受访者人数	频　率	受访者人数
总是	12	很少	0
经常	0	从不	27
有时	13		

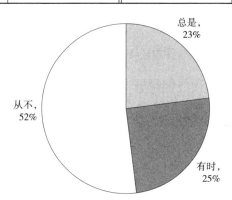

图 3－9　遇到沟通问题的频率（义乌）

（13）身份的认同程度

关于身份的话题，我调查了受访者在何种程度上认为自己是义乌的本地人。只有少数人（3 人）在很大程度上认为自己是义乌的本地人。他们中的大多数人（22 人）认定自己是外国人，而不是义乌的本地人（见表 3－16 和图 3－10）。

在 20～30 年之后，如果我们对受访者的后代或任何社区成员就这些问题做出的反应进行比较的话，那将是很有趣的。

表 3－16　作为义乌本地人的自我认同程度

单位：人

认同程度	受访者人数	认同程度	受访者人数
很大	3	较小	13
较大	6	很小	1
中等	7	没有	22

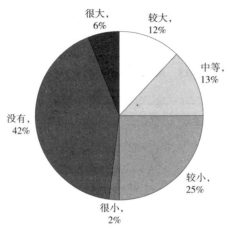

图 3 - 10　作为义乌本地人的自我认同程度

　　我还调查了受访者在何种程度上认为他们不同于义乌人。有趣的是，52 位受访者中 18 位认为他们并没有什么地方不同于义乌人，12 位认为，他们只是在较小的程度上有所不同。11 位认为他们在较大程度上有所不同（见表 3 - 17 和图 3 - 11）。

表 3 - 17　与义乌本地人不同的认知程度

单位：人

认知程度	受访者人数	认知程度	受访者人数
很大	5	较小	12
较大	11	很小	3
中等	3	没有	18

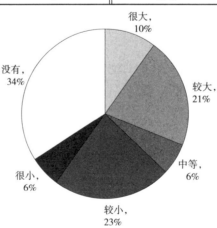

图 3 - 11　与义乌本地人不同的认知程度

（14）与义乌当地社区的社会联系

我也想探索受访者认为他们与义乌当地社区的社会联系程度。他们中只有几个人（仅有4人）认为他们在很大程度上有联系，6人认为他们有较大程度的联系。他们中的大多数人（21人）认为，他们与义乌当地社区只有较小程度上的联系，13人认为他们与当地社区根本没有联系（见表3－18和图3－12）。

表3－18　与义乌当地社区的社会联系程度

单位：人

联系程度	受访者人数	联系程度	受访者人数
很大	4	较小	21
较大	6	很小	2
中等	6	没有	13

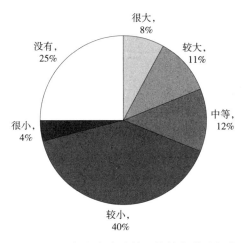

图3－12　与义乌当地社区的社会联系程度

（15）在义乌的生活

我还要求受访者评价他们在义乌的生活与他们在其原籍国生活的差异程度。18人认为在很大程度上有所不同，16人将其描述为在较大程度上有所不同（见表3－19和图3－13）。

59

表3-19　与原籍国生活的差异程度（义乌）

单位：人

差异程度	受访者人数	差异程度	受访者人数
很大	18	较小	11
较大	16	很小	0
中等	2	没有	4

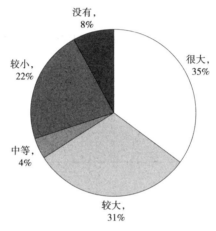

图3-13　与原籍国生活的差异程度（义乌）

（16）食品消费习惯

有两个问题是有关受访者在义乌的食品消费习惯。

①对于中国食品的消费

我也询问了受访者食用中国食品的频率。超过一半的人（63%）说他们至少有时会食用中国食品（见表3-20和图3-14）。鉴于食用当地食品是文化同化的一种方式，事实上，大多数人都食用中国食品表明非洲人对于中国文化的接受程度较大。

表3-20　食用中国食品的频率（义乌）

单位：人

频　率	受访者人数	频　率	受访者人数
总是	9	很少	1
经常	1	从不	18
有时	23		

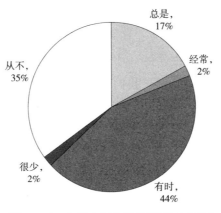

图 3 - 14　食用中国食品的频率（义乌）

②对于原籍国食品的消费

我还询问了受访者食用从自己国家带来的食品的频率。我发现，16 人总是吃从他们原籍国带来的食品，而 26 人有时吃从他们国家带来的食品（见表 3 - 21 和图 3 - 15）。

表 3 - 21　食用原籍国食品的频率（义乌）

单位：人

频　率	受访者人数	频　率	受访者人数
总是	16	很少	1
经常	0	从不	9
有时	26		

86

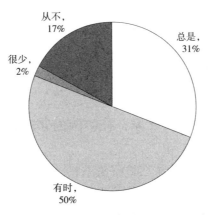

图 3 - 15　食用原籍国食品的频率（义乌）

2. 深入访谈

前一部分问卷调查中提供的一些数据，表明了非洲人在义乌的生活状况。为了进一步说明定量研究，我们就非洲人的机遇、经验、约束和愿望进行了深入的定性分析。

吴飞（Wu Fei，即科菲·布瓦滕，Kofi Baoteng）

为了学习汉语，2007 年科菲·布瓦滕从加纳来到中国，后来在义乌工作和生活，他在那里成立了一个小型的运输公司。他的办公室位于诚信第一区。事实上，他现在甚至有了一个中国名字，叫吴飞。他曾是一名记者，能较流利地讲英语、西班牙语和葡萄牙语。他先在浙江大学学习汉语，就在我们面谈的时候，他正在利用业余时间在浙江师范大学上汉语课。在浙江逗留期间，他意识到，商业贸易在义乌蒸蒸日上，他注意到许多来自他们国家的商人到义乌采购货物。据他说，70% ~80% 的加纳制成品都依靠进口。对于在义乌的非洲商人而言，一个主要的阻碍——正如在中国的许多地区一样，可能香港和澳门是例外——就是无法有效地用英语与中国的贸易伙伴进行沟通。意识到从非洲新来的商人（他们通常不会说汉语）会需要他的技能，尤其是他的汉语能力，吴飞开创了一个为商务贸易业务提供翻译和口译服务的公司，为他的非洲同胞寻找住宿，并帮助他们完成其他需要的任务，如租用一个仓库来储存这些商人的货物的同时帮他们将货物运往加纳。他的生意一直都很好，他通常会每个月往加纳运去约十个 6 英尺（约 1.8 米）大小的集装箱。他公司的员工多达 15 人（包括他自己），15 人中 6 位是加纳人，9 位是中国人。吴飞说，他在中国的事业非常成功，以至于他在中国的加纳同胞都视他为名人，远在上海和香港的人都会与他联系以获取各种帮助。他把自己描述为热心人，愿意帮助任何需要帮忙的人。

三 从商人到实业家：在中国的非洲投资者简介

我有一些研究指出中国与非洲关系的不对称（Bodomo, 2007a, b; 2009a, b; 2010a），明显的失衡就是在贸易和投资领域。虽然有一些研究在中国的非洲商人的著作（如 Bodomo, 2007a, b; Bodomo, 2010a; Bredeloup 和 Bertoncello，2007；Li、Ma 和 Xue，2009；等等），但这些更多的是关于中国人和中国政府如何在非洲投资的研究，而不是众所周知的非洲人在中国投资的研究。

为了说明在非洲和中国的新兴研究领域中的这种不对称性，我在广州和义乌进行了一系列的实地考察，以记录由非洲人在中国投资的一些知名企业。这样做时，我将主题拓展到包括商人以外的小档主，甚至在像广州这样地方的小商贩，这些都是很多其他研究的主题（如 Bodomo，2010a；Li、Ma 和 Xue，2009）。同时，我考虑的不只是单纯地在中国购买商品再卖到非洲的企业，而是那些更成熟的企业，它们在中国投资，把生产和制造的商品销售到中国、非洲和世界各地。

为了进行这样的调查，我专注于在义乌的两个这样的企业，准备了两位非洲开拓者的简介。对这方面的研究十分必要，我希望我的研究能够鼓励学者在这个被忽视的课题方面做更多的研究工作，而目前的研究主要集中在对于广州小规模非洲商人的买卖以及他们遇到的有关移民问题的困境方面。

1. 沙耳贸易有限公司

第一家公司是沙耳（Sall）贸易有限公司（位于义乌市宾王路 181 号东方大厦第十八层 5 号）。公司的法人是来自塞内加尔的马马杜·沙耳（Mamadou Sall）先生，他不仅给了我面谈的机会，同时还允许我与他和他的家人在他的办公室里拍照（见照片 3 - 2、照片 3 - 3、照片 3 - 4）。

89

照片 3 - 2 沙耳贸易有限公司的标志

照片 3 – 3　作者与沙耳一家

90

照片 3 – 4　沙耳的纺织产品

　　宾王路殷都商务宾馆对面的高耸入云的东方大厦处于义乌的市中心。我不知道我一直在寻找的非洲人成功的故事之一就发生在义乌——非洲人聚集人数仅次于广州的中国城市——这个著名的大厦里。

沙耳贸易有限公司是一个成功的纺织品制造公司，是由马马杜·沙耳在塞内加尔建立。像许多在中国的非洲人一样，沙耳——一个高个子、黑皮肤46岁的男人——开始了他漫长而又刺激的环球旅行，他先从他的家乡塞内加尔移民到瑞典，在那里他度过了3年时间。

然后他去了美国，他在那里工作，度过了12年光阴，同时在北卡罗来纳州的一个小镇做起了买卖，业务越做越大。后来，他决定搬到中国，在我们采访的8年前他选择了蓬勃发展的义乌市。3年在欧洲，12年在美国，8年在中国，这意味着和许多非洲移民一样，马马杜花了他几乎一半生命的时间，在过去的23年里共在非洲大陆之外的三大洲中居住过。

当我问他为什么选择义乌作为发展自己的制造业和投资公司的地点时，他告诉我：“我的经历和在美国一个小镇的业务增长是我选择义乌的一个决定性因素，这是另一个繁华的商业城市。”他还表示，他希望能为非洲和世界提供更好的服务（他公司的座右铭就是“为世界提供最好的产品”），他相信义乌会帮助他实现他的理想。对于有一些人提出为什么许多非洲人选择来义乌而不是去广州和上海等令人困惑的问题时，马马杜的回答揭示了其中的原因。

沙耳贸易有限公司的核心业务是制造纺织品。该公司由沙耳和他的妻子法蒂玛（Fatima）一起自主经营。他们有三个孩子，都是在中国出生，在义乌上学，说一口流利的汉语。他的一个孩子乔登·穆哈默德·赛尔（Jorden Muhammed Sell）已成为义乌的一个明星：他的学校对他的印象特别好，他被选中出演一部名为《你好，义乌》的电影，这部电影把义乌作为一个城市，宣传它比中国其他城市更加竭尽全力地将外国人融入中国。事实上，在义乌，在塞内加尔的家庭中（进行本研究的时候约有10个家庭），沙耳家是最为突出的，受到许多媒体记者的采访，包括CNBC以及中国很多电视节目的采访。

到目前为止，非洲人在中国面临的最严重的问题是有关他们的签证问题（即允许非洲人停留的签证时间长度和签证更新的整个过程）。目前，非洲人最长能获得6个月的签证；在大多数情况下，他们不得不离开中国，甚至回到各自的国家后才可以再续签证。不管怎样，即使沙耳已经获得了相对较好的待遇，即他不用离开中国就可以更新他的签证，沙耳也提出这是一个大问题。

然而，在回答我的问题时，他提出另一个问题，这个问题并没有被其他学者提出过，就是在中国缺乏对非洲投资者的信贷服务设施。而往往类似的很多中国人和其他外国投资者都能得到政府的支持，获得信贷来发展他们的业务，像他这样的非洲投资者却得不到这样的支持。这样的话他们就只有一种方式来发展他们的业务，即与中国和其他外国投资者联合成为团队或合作伙伴来筹集业务所需的资金。

然而，应该指出的是，沙耳不是简单地讨论他所面临的挑战。他也意识到，义乌乃至整个中国的确给他提供了机会。在他看来，他身处义乌要比身处中国其他地方更幸运。随着时间的推移，义乌在努力为非洲人和其他外国人证明它真正在为支持各国商人创造条件。义乌也清除了那些从事违法犯罪活动的人，为非洲人在义乌的生活和经商提供了更好的条件。例如，义乌市有关部门定期拜访非洲商人听取他们的意见〔见水晶进出口有限公司的老板吴飞（即科菲·布瓦滕，Kofi Baoteng）的简介，他出席了义乌市人民代表大会，在本节稍后有描述〕。

关于提高非洲制造商和投资者在中国的待遇问题，沙耳提出了几个建议。其一，他建议政府为外国的制造商和在中国的投资者包括非洲人提供一定额度的信贷。其二，他提到有必要在义乌建立投资的一站式信息中心，类似于那些世界一流的投资城市一样，如在香港一个称为香港投资的国有公司就能够提供这样的服务。

2. 水晶进出口有限公司/水晶衬衫园地

第二家公司是水晶进出口有限公司/水晶衬衫园地（义乌市诚信 1 号，25 座 6 门，第二层、第三层）。

在以往的研究（Bodomo 和 Ma，2010）以及在本章前面，我已经提到过的科菲·布瓦滕（Kofi Baoteng），也叫吴飞，是一位义乌贸易商人。2011 年 3 月，我与他在义乌的一个穆斯林餐馆（Maheda）相遇，至今已经过去了两年。从那时起，吴飞已经从贸易商成为在中国的新厂商和投资者，他的制衣厂雇用了 30 多名中国人，主要生产男式衬衫（见照片 3－5 和照片 3－6）。

照片3-5　水晶进出口有限公司的产品——衬衫

照片3-6　在水晶进出口有限公司工作的员工

　　吴飞来自加纳，靠近库马西的朱阿本。身为一名记者，在他决定来中国学习之前，他在加纳流行的调频电台凯斯本调频（Kessben FM）工作。他在掌握了流利的汉语的同时成立了一个公司，用其有限的汉语语言知识和中国文化知识为加纳人和其他非洲商人提供服务。

在过去两年中，义乌当地政府做出了一项重要举措，这项举措再次证明与中国其他城市相比，义乌是第一个具有高瞻远瞩眼光的城市。义乌拥有大量的外国商人，在义乌生活的吴飞和其他八个外国人第一次被邀请参加了义乌市人民代表大会，这是中国共产党的年度会议，旨在向城市的重要成员收集意见、整理思路。

从国家的角度出发，这一定是在为一年一度的 2011 年 3 月的会议即中国人民政治协商会议（政协）和全国人民代表大会做准备。据 2011 年 3 月 4 日的北京英语报纸《环球时报》报道：

> 全国人民政协成立于 1949 年，是由社会的精英们作为政府的一个智囊团组成的。它的作用和权力类似于上议院为立法提供咨询，同时在宪法中具有正式的建议作用。

这种会议经常与全国人民代表大会同时举行，全国人民代表大会每年举行一次，会期约为 10 天，有约 3000 名代表参加。

从国家的角度来看，2 月 27 日，义乌市第十三届人民代表大会第五次会议的组织者，从政治出发邀请了吴飞和其他八位来自保加利亚、法国、叙利亚、约旦、加拿大和印度的外国人一起参加了会议。这一事件对于科菲和其他在义乌的非洲人而言是很重要的。要理解此事的重要性，我们需要注意的是，广州，即使它自称是一个国际化城市，作为在中国拥有非洲人最多的城市，似乎也淡化了其地位和身份，据我所知，这样的事情在广州从来没有出现过。因此，重要的是义乌因在这个重要的会议上给了非洲人说话的权利而超过了广州。

95　　对于吴飞和沙耳来说，义乌为非洲的投资者提供了许多机会。政府似乎在努力为非洲的贸易者和投资者提供表达的机会以及让他们觉得义乌是他们的第二家乡，这方面做得非常成功。在市人大会上，吴飞雄辩地概述了中国（据报道在义乌，吴飞和其他外国人均以头版头条的方式登上各大汉语报纸）需要考虑签证的问题，延长外国人居留时间，最终改革移民体制以给予非洲投资者制订长期计划的机会。根据最新的发展（在写这本书时），由于吴飞的努力，义乌市政府已决定将通常的签证限制从 6 个月延长至 1 年。照片 3 - 7 显示了吴飞在会议上的情景（科菲给我提供的当地汉语报纸的一则消息报道）。

照片 3－7　吴飞出席义乌市人民代表大会的报道

第二天，吴飞非常客气地邀请我（和另一个学者）到他的制衣厂　96
参观，我们参观了男人衬衫的各个制造阶段。该厂已成为一个电视摄
制组制作的主题，该节目摄制组来自加纳，他们来参加 2010 年 7 月上
海世博会，该节目旨在记录一个非洲移民社群的加纳人的这一重要商
业创意。

四　在义乌人们如何看待非洲人：与广州比较

在过去两三年里，人们对非洲人在义乌以及在中国作为一个整体的存
在这一事实的新奇感似乎已经消失。但早在 1997 年，当我来到中国时，因
为很少见到非洲人，人们居然会想要与非洲人合影。在 21 世纪初，当我在
"世界之窗"的深圳和在广州以及广东省的其他地方时，有人把我从我的
中国和西方的朋友中间单独叫出来拍照，这让我总是觉得不好意思。现在
这种情况很少发生了，因为非洲人在义乌和其他主要城市已经有了很好的
发展，同时义乌人已经学会与非洲人做贸易，虽然这并不意味着中国人已
经完全接受了他们。不像在 1988 年的南京事件，当时中国学生联合起来反

对他们的非洲同学。在中国，公众一般不会对非洲人表示强烈抗议。相反，中国商人发现非洲人是友好的生意伙伴，同时愉快地与他们进行交易。非洲人也很欢迎他们的中国商业伙伴。

97   然而，在广州的执法人员对非洲人持有不同的态度。近年来，从 2008 年北京奥运会开始，已经有在广州的非洲人不断地抱怨他们在这个城市获得签证续签是一件多么困难的事。只是为了签证的续签，他们常常被告知要去香港、澳门甚至回国办理，其他来自欧洲和美国的外国人却未被要求这样做。然而，居住在义乌和中国其他地区的非洲人，没有像居住在广州的非洲人一样遇到类似问题。

只有在广州，非洲人被要求在任何时候都要携带他们的护照。在广州迦南市场的信息栏上说，所有的外国"朋友"必须随身携带护照，而实际上，非洲人经常被拦住，受到盘问并受到骚扰。即便非洲人餐厅也不能成为避风港，警察在这些少数民族聚居地跟踪非洲人，粗鲁地查问他们的移民身份，同时在极少的情况下也逮捕他们。我一直在怀疑这些报道，直到我有了自己的亲身经历，下面是从我的笔记摘录中摘抄的，它记录了一个典型的观察情况。

今天，我与马恩瑜（Grace Ma）博士刚从香港来，研究一篇关于食品和食品加工场所的文章，以确认非洲人在中国形成自己新社区中身份的元素以及空间的作用。

98   我们见到了萨利（Sulley，非真名），一位通常做我们导游的年轻加纳人，然后我们去了位于广州越秀区下塘 56 号宝汉直街的"非洲吧"。晚上 7 点左右，我们刚开始吃，约有六名警察（四男两女）随便闯进了餐厅。在接下来的 20 分钟里他们的所作所为，使我和我的非洲同胞处于不可言述的困境。

他们只是从一桌走到另一桌，不查像我的同事马博士这样的中国人，而专门针对每桌长相像非洲人的人，粗暴地要看他们的护照。他们大声叫嚷，让我的非洲同胞和我把我们的最新版本的签证给他们看。

在我 50 年的生涯中，除了在边境的检查点和移民局的柜台前之外，这是我第一次遇到以这种粗鲁和野蛮的方式要求我出示护照的情况。

这个警察粗鲁和暴力的言语超出了我的想象。你会以为又回到了1994年之前的南非种族隔离时代！

我不得不为两位只能用法语交流的刚果妇女将英语翻译成为法文，与这些在"巧克力城"街头，以执行公务为由骚扰非洲人的官员沟通。这些女人的故事是这样的……她们正在吃饭［大家都知道，我们非洲人用手指来吃糊糊（fufu）① 和其他汤里的淀粉类食品］，他们怎么可能要求她们立刻拿出护照——她们必须先洗手，再伸进腰包拿护照。在她们看来，不管怎样，为什么要在她们吃饭的时候，开始朝她们大叫，好像她们是逾期滞留的罪犯一样？

警察是不会听的。他们广州当局骚扰非洲人的领导走过来喊道："给我看看你的护照。"在恐吓这两个女士和检查她们的护照后，他们去了旁边的桌子，重复同样的粗鲁行为，同时逮捕了一名乌干达女士，她徒劳地解释自己的护照留在了她住的酒店。

我的情况是，他们走过来，花了很长时间翻了翻我的加纳护照（我有很多去世界各地的签证，我是香港的永久居民），之后问了一个很愚蠢的问题："你住在这里吗？"对于这种赤裸裸的种族歧视，我也以一种很愤怒和反抗的情绪说"没有"，并问他们："我是香港的永久居民，我为什么要非法居住在广州？"他们犹豫了一下，又看了看我的护照，相互之间用汉语说了几句话，把护照扔给了我，然后离开了我们的桌子，走向他们下一个目标！

非洲与中国的友谊？什么是友谊？（作者的实地调查笔记，2009 年12月10日）

很重要的是应该有越来越多的研究者、人权活动家甚至进步的政府和执法人员投入更多精力去揭露这种行为，因为这种突发事件使生活在广州的非洲人非常不愉快。如果不是因为他们在这个城市里经营着有利可图的生意，他们会开始寻找到其他地方去生活。事实上，实地调查表明，在过去的两三年里，广州的一些非洲人已经开始在越南进行探索以找到他们企

---

① 西非地区一种主食，用薯类、芭蕉和粮食磨成粉混合成的食物。——译者注

业未来适合在南洋发展的地方。

这种情况在义乌形成了鲜明的对比，在那里普通的中国人和中国执法机构对非洲人都很尊重和有礼貌。当然，在义乌的非洲人在中国逗留期间也遇到过挑战，但这些是任何生活在中国的外国人都可能会经历到的：语言的误解、文化的差异以及为社会可接受的行为方面的不同观点。但是在义乌的非洲人绝大多数都受到浙江执法工作人员的礼貌对待，公民的权利受到了尊重。例如，这些非洲人的礼拜自由似乎是在中国宗教实践中的一个亮点——非洲人被允许有丰富多样的自由信仰，而没有官方部门来检查他们。

广州和义乌之间的很多差异可能有许多原因。其中一个原因是，在义乌的非洲人总共不到 3 万人，可以很容易地确定和检查。第二个可能的原因是，在义乌的大多数非洲人来自非洲的马格里布地区，而在广州的大多数非洲人来自撒哈拉以南非洲地区。我在广州的同胞西非人说，粗暴的广州警察对待阿拉伯非洲人（往往有浅色皮肤）比非洲黑人更尊重。我提出的第三个也是最重要的原因是，义乌的执法效率与公平办事（如警察和移民官员）大大有助于在这座城市生活的非洲人积累更积极的经验。

如果义乌继续发展成为一个国际贸易中心，其对于非洲人的不同处理方式可以让它取代广州而成为非洲人和来自发展中国家的许多外国商人如100 西亚和拉丁美洲国家的模范居住城市。广州也会因此而错过一个成为中国模范多种族贸易城市的重要发展机会。

五　结论

尽管广州拥有最大的非洲人社区，但是，义乌已经在过去的 20 年中从一个村庄变成世界上最大的小商品城市，并且正在塑造和支持在中国最佳的非洲贸易社区。比起广州执法人员对待非洲人的方式，义乌的执法人员似乎工作更有效、更专业、更少腐败以及具有更多的种族宽容性。因此，在义乌的非洲社区生活的人比在广州的非洲社区生活的人与中国人相处得更为融洽。

这是国家执法人员可以在移民关系中塑造良好形象和发挥积极作用的明确证据。在中国对待非洲人的方法可能会对在非洲对待中国人的方式有

重要影响，最终都将影响到非洲与中国的关系。因此，非洲和中国政府要
考虑业务友好以及种族宽容的移民法，以保证不仅进出自由，而且生活在　101
彼此国家的外国人真正拥有自由、和平与尊严。

尾注

1. http：//en. onccc. com/purchaserService/market_ district1. jsp。
2. http：//www. yiwumosque. com. cn/。　102

第四章　非洲人在上海

一　简介

104　　这一章与本书的其他部分完全不同，不同之处主要在于我研究的这个城市的非洲人的存在（或不存在）问题。因此，我采用了不同的方法来研究上海，勾勒出与我在本书其他地方理论建构中不同的社区概念。

　　上海经常被认为是中国大陆最大和最具国际化的城市（甚至有人预言，这个城市可能在不久的将来，会成为比香港更重要的中国金融中心）。然而，相对于本书提到的其他五个主要城市香港、澳门、广州、义乌和北京，这也是最少见到非洲人的城市。上海没有像香港的重庆大厦、广州的天秀大厦、澳门的三马路、义乌的穆斯林餐厅区（Maheda）以及北京的三里屯这样的非洲人聚集地。虽然上海只存在少数短暂停留的非洲人，但是上海有与其他五个城市相似的地方，正如我从露西·冯赛卡（Luci Fonse-ca）收到的下面这封电子邮件中所描述的那样，这是一位耶鲁大学毕业生所做的实地调查：

> 任何看起来像重庆大厦或天秀大厦的地方，我几乎可以肯定在上海是不存在的，也是不可持续的。然而，在一个叫作海狸的酒吧里（Beaver，在岳阳路 28 号靠近东平路的地方），我经常看到有 10 名左右的非洲男性出没，这是我在上海见过的出现的非洲人最多的一次。他们通常只是出来逛逛、看看足球等，顺便停下来，看看有没有发现什么有趣的东西。（电子邮件，2011 年 2 月）

　　后来我发现，还有一些地方可以看到非洲人聚集在一起，如静安寺的窗户酒吧（Windows Bar），在南京西路 698 号的"窗户地下酒吧"（Windows Underground Bar），以及在汇川路 99 号的风味酒吧（Taste Bar），但这些地方的知名度不能与重庆大厦或天秀大厦相比，见不到几个非洲人。这种现象是如此突出，有人甚至可能会写一本关于非洲人在上海的缺失而不是非洲人在上海的存在的书。造成这种现象的原因是多方面的，包括合适非洲市场产品的可用性，生活在上海的高成本以及中国北方较冷的气候条件。与上海和中国的北方城市相比，非洲人更喜欢中国的南方城市。北京是个例外，因为它是中国的首都，对于外国人而言有很多的机会。

在本研究进行过程中，几乎没有任何可见的可被称为在上海的非洲人社区的城市轨迹。对此，我定义的社区概念包括网络社区（我会在第三节详细叙述），同时，我还采用了一种新的研究方法。我和我的中国研究助理都在最知名的网络社区注册成为会员，通过网络来参与并通过他们的对话来观察非洲人在上海的社会生活。我通过回到更传统的方法——对我们在上海见到的一些非洲人做详细的访谈来进行研究。

二 上海：缺少非洲人的地方

在我以下的实地日记摘录中，我描述了我第一次到这个城市进行实地考察时看到的现象——在上海很难见到非洲人。

2009 年的 7 月 24 日，我抵达了上海浦东机场，这是我第一次访 105 问这座城市，然后乘坐磁悬浮列车在这个城市的浦东站下车。为了熟悉上海这座城市，我坐出租车去酒店，但是被一位出租车司机骗了我 70 元带着我兜圈子，最后才找到我要入住的酒店（中国上海，九江路 595 号，Howard Johnson Plaza）。

为了对这个城市有进一步的了解，我决定去试试一日游。在一对印裔澳大利亚夫妇的陪同下，我们的导游带我们去了位于上海老城区中心的豫园。然后我们去了夫子庙，开车经过外滩（我们在 353 商场附近的南京路吃过午饭后）去了著名的玉佛寺。之后，我们参观了新天地，这是外国人喜欢的一个著名的步行街。

在这一过程中，我很少遇到非洲人，如果有的话，他们与那些在广州、义乌和北京的非洲人很不一样。

有人告诉我说，最有可能见到非洲人的地方，而不只是偶遇非洲人，就是在新天地和南京路上。事实上，正如下面我的中国实地助理的考察笔记摘录的那样，上海人不知道在哪里可以找到非洲人，他们给你指的地方，通常都是可以找到一般外国人的地方：

"与香港或广州的情况不同，这里似乎不是一个可以找到非洲人的特别的地方。看来，上海人一般都不知道在上海是否有非洲人的社区。当问及路人在这里能否遇到非洲人时，人们总是认为你是在询问一般的外国人，然后会给你指向一些旅游景点，如南京路步行街、新天地。的确，这些地方都很容易遇到外国人但不一定是非洲人。"

（杨晓霖现场笔记，2009 年 8 月于上海）

因为我今天走过新天地后还没有遇到任何非洲人，我希望明天在南京路上可以幸运地看到一些非洲人。

第二天，我来到了南京路，这是上海最繁华的步行街。我决定自己花时间来寻找这条街上的非洲人和与非洲相关的任何证据。

绝对没有任何非洲人的踪迹……但这些天研究者们还是非常幸运的，我等到了这一天。

106　我看见的第一个非洲人是 S 先生，他是一个来自乍得的学生，在上海东部的上海科技大学学习石油化工工程。他告诉我，据他所知，市里没有任何非洲餐厅。他在中国待了两年的时间，能讲流利的汉语。他的预算似乎非常低，他说他没有奖学金，独立在这里生活，靠他在乍得的父母的帮助来支付他的学费。

我建议他和我一起去吃顿饭，同时谈谈有关非洲人的事宜。他选择了一家在南京路上的肯德基店。他 23 岁，似乎喜欢住在这里，虽然生活比较艰难，经济上不宽裕。他说他的大学里大约有 40 名非洲学生，还有一些非洲学生在其他大学。他们中的大多数人学完之后就回到了非洲，但是也有人可能会留下来，他们中的一些人留在了中国，同时与中国人结了婚，虽然他不知道有谁是这样做了，有谁居住在上海。

晚餐后，我们沿着南京路各自离开，他回到了他的大学，我回到了我的酒店。如果我没有遇到 S 先生，在我的上海之行中，我可能不会遇到任何非洲人。他同意在我的研究助理 2009 年 8 月访问上海时担任联络人，为他提供信息。

上海旅游景点，像南京路和豫园对于像我这样具有明显外国人特征的黑人而言都是非常乏味和恼人的。每两分钟，就有固执的"推销员"和乞丐纠缠你向你推销各种产品，尤其是手表、手袋和"按摩"。我甚至不知道为什么手表和手袋应该是最有价值的物品，即使他们看到你戴着手表、挎着一个手提包。这些骚扰事件发生在离我住的地方不远的南京路上，以至于我每次路过时都难以安静地溜达而不生气地走过去。如果我不跟旅游团外出，我经常发现我的酒店是舒适的避难所。这些事使上海给我的第一印象极其糟糕。政府应该做点事情来维护这个城市的形象。（笔者的实地日记，2009 年 7 月于上海）

但是，在上海这种明显的非洲人实体社区的缺失就意味着在这个城市确实就没有非洲人的存在吗？在下一节中，我会采用传统的方式来回答这个问题。

三 上海非洲人的网络社区

21 世纪全球化时代的特点就是社会媒体的相互作用日益增强，许多传统概念如"社区"需要重新解释以保证其适用性和相关性。在第一章中，我把"在中国的非洲社区"定义为如下概念：

> 那些在中国的非洲群体，他们之间具有持续不断的交流和相互的影响，同时基于他们来自的区域、国家，以及宗教、种族、民族、机构、教育、贸易、娱乐、兴趣及共性，组织成正式和非正式的社会文化群体、网络、协会和俱乐部。

这定义了成为一个社区的资格，并没有以任何方式要求成员之间必须有面对面的物理上的接触。在这一章中，"在中国的非洲社区"这个词语必须扩展到网络社区。我相信，非洲人确实都在网上沟通和互动。我会以人种学研究和两个上海网络社区的话语分析来说明这一点。

1. AfroShanghai. com

AfroShanghai. com （http：//www. afroshanghai. com）是在上海的一个非

洲网络社区。已经有许多人在其著作中（如 Bodomo，2009c）指出，在信息技术和全球化时代，网络社区要比具体的、面对面交流的社区在沟通、互动以及采取集体行动方面更为有效（正如 2011 年在北非国家的突尼斯和埃及已经见证的那样）。虽然在上海市很少见到具体存在的著名非洲社区，但是在上海的博客圈里，这里确实有一个非洲社区（虽然是隐形的）。在上海，最知名的一个非洲博客圈就是 AfroShanghai.com。

（1）AfroShanghai.com 的故事

AfroShanghai.com 宣布自己是"上海和中国的非洲人社区"。据推测，
108 其成员并不都是实打实地生活在上海。然而，从帖子上看，似乎大多数人生活在这个城市或其周围，他们关心的是居住在这个地方的人。网络站长列出了办公地址以及电子邮件网址和电话号码［地址：中国上海四川北路 1688，邮编 20080；电话：（86）21 5180 0316；电子邮件：contact@ afros-shanghai.com］。由此可见，这是一个明确的、众所周知的、公布于众的社区。这不仅使我消除了该网站是一个骗局的想法，同时也使我确定了它是以上海为基地的一个真正的非洲组织。

（2）对网络站长的访谈

我和我的助手通过网站成员的帖子与他们进行互动。然而，我研究的一个最重要的方面就是与网络站长的访谈。很难与他取得联系，但最后他给了我一个用电子邮件采访的机会。以下是我提出的问题以及他的回答。

> 亲爱的帕特里克（Patrick）：
>
> 我已经浏览过了非洲之家的帖子，确实很迷人。你们的人甚至可以超越互联网不时地相遇，所以你们实际上相当于一个网络社区。祝贺你们启动了这个网站。我觉得你和这些创建网站的人会有一个好的故事，我想在我的书中留一页或者更多的篇幅来分享这个好故事，所以如果你不介意的话，请简要回答以下我提出的问题。
>
> 有关 AfroShanghai.com 的背景信息：
>
> 网络站长：
>
> ①你叫什么名字？
>
> ②你多大年纪？
>
> ③你从哪里来？

④你第一次来上海/中国是什么时候，你在中国住了多久？

⑤你的职业是什么？你的教育背景是什么？

论坛：

①你为什么要在中国创办一个非洲人的论坛？你是单独做或与他人一起做？如果是与他人一起做，他们都是谁？

②你为什么选择 AfroShanghai 这个名字？

③你什么时候开始做这个论坛，现在有多少会员？

④你认为论坛早期会员的数字要比目前的数字更多吗？会员的人数是在增长还是在减少？

⑤在你看来你的 AfroShanghai.com 论坛在使上海的非洲人聚集在一起所发挥的作用是什么？您的会员中非洲国家或世界地区最具有代表性的是哪里人？

⑥在上海还有没有其他的非洲论坛？如果有的话，请列举他们的名单。

⑦你有时会与论坛的成员面对面沟通吗？如果有，一年多少次？

⑧你建立这个论坛遇到过的挑战是什么，对你有什么好处？你会做其他什么不同的事情吗？

⑨你知道在中国还有其他非洲社区/论坛吗？你与他们有联系吗？

⑩你对在中国的非洲社区的未来有什么的期待/担心？你对有关非洲人在中国的生存有什么意见/评论？

谢谢你，一旦得到你的答复，如果你觉得没问题的话，我会打电话告诉你。

虽然站长的回答相当简短，但他给了我确定该网站存在的原因和起源的宝贵信息。

你好：

下面是对你的问题的回答。

网络站长：

①帕特里克（Patrick）。

②我宁愿保守保密。

③多哥。

④2003 年来到上海，自 1998 年就在中国。

⑤我在上海有一家咨询企业。我在上海的复旦大学获得了金融硕士学位。

论坛：

①起初我是与我在大学时的一个来自博茨瓦纳的朋友一起做这个网站。那个朋友现在回国工作了。

②网站名字中"Afro"就是"非洲"，后面是"上海"。

③2004 年左右开始做此网站，目前有注册会员超过 1000 人。

④数年来一些活跃的会员离开了上海。

110　　⑤到目前为止只是一个业余爱好的网站。会员和读者不透露他们的国籍，我也没有这方面的详细信息。

⑥据我所知，没有。

⑦一开始是这样的，但在过去的四年里一次也没有，因为每个人都很忙。

⑧没有真正的挑战或利益，正如上面所说的只是一个爱好的网站，互相帮助。

⑨没有。

⑩没有什么太多的评论。

祝好。

帕特里克

与站长的这种交流之后，我成为该网站的会员并发出了以下消息：

"非洲人在上海"的研究需要帮助

（2011 年 4 月 17 日，下午 6：15：36）

亲爱的朋友们，

主题：研究 AfroShanghai.com

名称：教授（作者）

电子邮件：adambodomo@gmail.com

消息

这个论坛的会员们，你们好，我是香港大学的教授，正研究在中国的非洲人。站长帮我订阅了你们的网站，这样我就可以与其他非洲人互动了（我从加纳来，在欧洲学习了8年，在美国加利福尼亚斯坦福大学做讲师3年，之后我在香港生活了15年）。

　　我目前正在对在中国的非洲人进行研究，结果可能会出版一本书或发表一系列的文章，我准备写一篇文章"在上海的非洲人"。这就涉及对这个论坛里的电子邮件的讨论，以便了解非洲人在上海的有关事宜、面临的问题和机遇。但更重要的是，我需要你们为我提供任何有关的信息。例如，在广州的非洲人和在上海的非洲人生活和经历有什么区别？或者与在中国其他的地方相比？有一个可能的区别就是，在广州有小北路、迦南市场等明确的地方，在那里你可以找到非洲人，但我访问上海时，我没有找到任何这样的地方。我的助教来上海访问时也没有找到这种地方。非常欢迎大家提供任何线索和思路。在中国的非洲人的存在问题已经成为相关领域学者们研究的一个热门话题，我期待从我的同胞兄弟姐妹们（儿子和女儿）那里得到帮助。

　　提前谢谢你们的帮助！

作者

　　不幸的是，对于我发的这个消息，我没有获得太多的响应。然而，我还是花了一些时间分析这个社区的博客。在这个社区，约有100名注册会员。为了明确这个网站的性质，阅读博客后我总结了一些最重要的讨论，主要专注于一个讨论组，他们由一群黑人英语老师组成，讲述自己在上海和中国的经历、生活和工作。

　　2. 非洲人在上海的网上讨论：黑人教师经历的种族歧视的案例研究

　　讨论是从社区成员请求另一个成员发布关于英语语言学校和中心已经发布的明确表达出对白人老师偏爱的广告信息开始。有些人甚至说黑人老师不必回复。（这条消息没怎么修饰，主要是为了保证讨论的原汁原味，这里的姓名都是虚构的，以免暴露任何参与者的真实姓名。）

MB, Sophomore：

培训中心的警告

112

（2009年6月23日，上午10：11：23）

请把已公开表示出对白人老师偏爱的培训中心的名字/信息公布出来，以便其他成员了解，从而不再浪费自己的时间去尝试。

虽然我很尊重学校，本身不在乎肤色（是父母给的），但是如果他们能在我穿着正装，在这闷热潮湿的天气，长途跋涉横跨了半个上海之前就直接告诉我这里不会雇用我那就要好得多了。我并不在乎种族偏见，但我很烦他们从一开始就不告知。我可以穿着不用熨烫的衣服入睡，但现在要洗干净漂亮的白色棉衬衫！

我的地址如下：

徐汇区桂平路188号康健广场236室

职位描述：（未显）互联网地址

联系方式：打电话找 J. 电话号码：54×××

J. and Co. 公司表明："我们希望雇用白人老师，因为孩子有可能害怕黑人。"

这个帖子发出来后，接着是一个冗长的讨论。下面是一段最突出的和适当的注释。

PT，全局版主，教授

发帖数量：930

上海，现在是四年了，还在计数！

回复：培训中心的警告

（2009年6月23日，下午4：36：15）

这是一件相当羞愧的事情。不幸的是，这样的事正是可悲的现实所在。这就是为什么我知道许多黑人老师在他们的申请信中重申，他们是黑人，以便如果学校有不雇用黑人的政策时，避免浪费时间，或者将自己的选择告诉学校。另外，即使黑人最终抓住了机会，也达到招聘学校的用人条件，这些学校可能还是有点不愿意雇用黑人老师。但是我想恐怕还要花一些时间才能避免这种在招聘中出现的种族歧视现象发生。

MB，Sophomore

大家也许还记得，当面对中国的种族主义和英语作为第二语言的教育（ESL）时，我一直是一个现实主义者。这不是我第一次被告知"不用黑人"，我肯定这也不会是最后一次。然而，如果他们想要成为种族主义者，可以请他们直面它吗？尤其是在夏天？换上了熨烫漂亮的白衬衫和长裤，勇敢地在"桑拿天"冒着酷暑去面试，却被告知："哎呀，我们忘了把这一要求放在广告中！"真是太疯狂了。

Mminghei，医生

发帖数量：450

回复：培训中心的警告

（2009 年 7 月 7 日，下午 9：32：59）

在工作描述中，你还可以认为他们也歧视口音。我只能想到两个场合，我遇到了不雇用黑人的学校，但是我不想做那份工作。他们通过我的一个朋友找到我，同时我回复了。

这是某小镇的一个中学，我以前的一个学生在那里工作。她邀请我周末去教课，但校长一听到我是黑人就拒绝了。那是大约一年前的事……现在当校长听说我在这个镇里探望我以前的学生后又要我去。

在另一个场合也是一样，这次是在一个小城镇的大学。在收到一个他们询问信息的电子邮件后，我把我的照片和简历发了过去，只是看看会发生什么事，结果这些人说了不行，我告诉他以后不要再浪费我的时间。

当国王和王后对于我们来说都不容易。

好黑不碎

114

Kaylaoshi，医生

发帖数量：100

回复：培训中心的警告

（2009 年 7 月 19 日，下午 5：55：09）

你们这些人听起来像是你们两天前刚刚来到中国一样。

近几年来情况几乎变得越来越好，要比 10 年前更好。很多学校聘请黑人的数量超过白人了，所以如果你被一个学校拒绝了，放松一点，继续寻找新的机会。因为你是黑人他们不会雇用你，这不是什么新鲜事，这种事不应该使你失望。

Chamafl 奥格，初级

发帖数量：44

回复：培训中心的警告

(2009 年 7 月 21 日，上午 8：54：21)

也许这不应该让我们失望，但现在是 2009 年，WTO 全球化的中国应该知道这种事情不可为。美国总统是黑人，原联合国的秘书长也是黑人。华尔街和英国第一校也接受黑人。我不知道为什么别的地方就不接受。无论如何，这就是为什么我停止了教学工作。一切都是羞耻、欺骗。在一个不欢迎我的地方，我为什么要磕头去乞求一份工作？他们想崇拜和渴望白人，让他们去吧。

上周，因为是黑人我被拒绝了。直到我穿越这个城市，在这炎热的天气找一份我甚至不想做的工作（只是因为妻子要我这样），对方直接告诉我不雇我。她甚至不让我填写申请表。她说："当有人需要你时，我们会让你知道，给你打电话。"这是一个辅导机构。

如果这种情况发生在美国，就会引起对中国人有关平等权利的喧嚣。在中国，对于黑人来说到处都是双重标准。我们应该尊重中国人，但他们没必要尊重我们。到处都是这种状况。

115

Aext，Sophomore：

发帖数量：6

回复：培训中心的警告

(2009 年 7 月 30 日，下午 11：01：51)

我是一个身高 188 厘米，体重 135 公斤的美国黑人，在上海三个不同的学校任教两年，在我的工作中，或在我寻找工作中，我从来没有遇到过这种公然的种族歧视的情况。最糟糕的事情就是偶尔会被要求唱歌、跳舞或说唱。可能在我教的 100 名学生中有那么两三位要求这样。大多数学生都不错，他们非常友好同时渴望了解我。一些美国白人和欧洲白人告诉我他们听到可怕的有关中国人对待黑人的种族主义的事情，但这是可以理解的，我从来没有听说过。

我一点都不怀疑海报，但我只是想与考虑来这里的兄弟姐妹分享我的一个体验。尤其是美国黑人，我高度推荐来这里。实际上从一个有种族歧视的国家来到这里是一种解放。就像我说的那样，这里的人民是伟大的人民，他们真诚地对于了解我感兴趣，我经常被邀请到别人家做客。有一些人只是想炫耀自己有"外国朋友"，但我已经交了很多真诚的朋友，在这里积累的这些都是非常宝贵的资源。每个人都有自己的经验，这是我的经验。

Chamafl 奥格，初级

发帖数量：44

回复：培训中心的警告

（2009 年 9 月 19 日，上午 7：44：27）

我很高兴知道这里还有正面的经验。也许从现在开始，我要以更积极的态度来看待事物。

116

Blackinchina，Sophomore：

发帖数量：7

在中国农场的一个城市女孩

回复：培训中心的警告

（2009 年 11 月 28 日，上午 8：41：16）

你好！我也在中国，是一个非洲裔美国老师。我在南昌大学。当我刚来的时候，我被货架上所有的美白产品吓到了。事实上电视里的模特儿大多也是白皮肤的中国人。然而，我有 300 多个学生，他们总是对我说我长得有多么美丽。他们似乎喜欢我的风格，他们总是想与我合照。正是因为他们的文化偏好，我说："我长得黑又胖，你们真的认为我漂亮吗？"他们说："是的，你很漂亮！"在南昌只有两个黑女人，我就是其中一个。但是，我必须说，我已经前往中国各地旅行，对于孩子们而言，一些儿童（5 岁以下）真的害怕我的黑皮肤。他们哭，或者逃跑。以前我觉得这有些伤感，但我意识到我与他们如此不同，他们没有什么东西可以拿我相比。

Promochuks 教授

发帖数量：747

尼日利亚的酷睿 2

回复：培训中心的警告

（2009 年 11 月 29 日，下午 7：13：25）

嗯，我是一个非洲人，精确地说是一名尼日利亚人。当我在中国教学时，我既度过了一段很好的时光又有不如意的时候。当时让我坚持下来的就是忽略他们认为我是一个黑皮肤的人这个事实。老实说，在教学过程中时，我只有一次种族主义歧视经历，那是一次间接事件，因为我总是能够挑战他们。我在深圳遇见的大多数非洲人，不得不说他们是来自美国，能够找到一份工作。在寻找教学工作时，我很自豪地说，我是非洲人，当他们说"哦"，我总是会问他们，你是什么意思？有趣的是，我总是得到证明自己的机会。每一次，我最终都能得到工作，而且比学校提出上的课要多。我只是觉得，有时候信心和经验很重要。我不否认，有一些黑皮肤的人，无论是从美国或从非洲来的黑皮肤的人都有了一些种族主义的经历。最主要的是要知道如何处理它。有时，这些中国人对于这样的事情只是无知。他们只知道，非洲大陆非常贫穷（有的甚至把非洲作为一个国家，这是很可悲的），这些都是他们在电视上或其他媒体看到的……这些只是媒体在他们的成长过程中灌输的陈词滥调而已。我希望我们的人民可以理解这些，而不用为此而感到难过。

放慢脚步，让大好的时光慢慢流淌。不要踩毒蛇的尾巴，因为它确实会蜇伤人！！

Blackinchina，Sophomore：

发帖数量：7

在中国农场的一个城市女孩

回复：培训中心的警告

（2009 年 11 月 29 日，下午 7：57：32）

我也相信，当你充满自信、真理和喜悦，人们就想成为其中一分子。这给了你一个机会去改变他们对你自己特定族群的思考方式。至于对具体的尼日利亚人而言，我还没有遇到过一位认为自己不是和上帝一样高的人！呵呵。在纽约，说到野心，不管是男性还是女性，他们通常都会超过所有其他的非洲人。

MB，Sophomore：

发帖数量：14

回复：培训中心的警告

（2010年2月4日，下午4：40：57）

引用：Kaylaoshi，2009年7月19日，下午5：55：09。你们这些人听起来好像你们两天前刚刚来到中国一样。

远离它。我的抱怨不是他们基于种族而拒绝雇用。我的抱怨是他们不能直接面对它！你问："如果我是黑人，会有问题吗?"有时候，他们说，是的。我感谢他们没有浪费我的时间。

118

这是那些暗示的、没有说明的事实，否则，或者有时我穿越整个城市去参加一个面试，而这个老板告诉我只想要一个"真正的西方人"，我认为这就确实是个问题。

Chamaflauge，初中

发帖数量：44

另一个打种族牌的公司

（2010年3月30日，下午12：26：36）

我在 echinacities 发现了这个工作。我把简历发过去时并不期望会有任何回复。令我惊喜的是我接到了一个电话。有个名叫"菲利浦"的人问了我几个问题，我回答后，他似乎很高兴。他似乎是个好人。他向我保证会有人打电话给我并立即安排一次面试。对于这个职位我是完全能够胜任的。英语是我的母语，我有过六年在学校与儿童相处的教学经验。我完全具备这个资格。几小时后，他问我要一张照片。我给了他。之后我就再也没有得到他的回复。"即刻"变成"永不"。我给他打电话问怎么回事，突然间他变得粗鲁和讨厌起来。

今天我又在 echinacities 发现这个职位的广告。

后来我知道，他甚至没把我的信息发给学校，因为我是黑人而不是白人。我只是想提醒你们，如果你遇到这样的广告，或像"菲利浦"这样讲英语的招聘人，如果你是黑人，如果你的肤色不是合适的颜色，就不要去打扰。这也适合菲律宾人（他们在美国的名声就是好的幼儿园教师）。

如果他们急需一名教师，作为一个资历超深的人，为什么我在接到一个电话后连一个面试的机会也没有？然后是态度的改变。当我问他为什么我没有接到回复……因为我给了他护照上的信息（这是很私密的）、推荐信和文凭证书时，他挂了电话。白人们，有时我想你们并不知道你们在中国有多么好过。

119　　上海幼儿园教师的职位：12000～16000元人民币/月

ASAP

广告号：××××

2010年3月30日11：53由ediethemean发布

到期日期：2010年4月30日00：00

题目：全职上海语言教学

上海的幼儿园

性别要求：无

学历：本科

国籍：美国、英国、新西兰、澳大利亚和南非等以及母语为英语的国家

请注意：必须面试!!! 如果你不能参加面试，请不要申请这个职位。

谢谢

合同类型：全职

年龄要求：22～45岁

招聘人数：2～3人

开始时间：尽快

每班学生：7～11名

最多每周教学的课时数：14节课（每节课45分钟）

工作时间：每周5天（星期三至星期五12：00～21：00/星期六至星期日9：00～17：30），外教每周最多上25节课，剩下的时间里需要参加小组会议。

往返机票报销（合同生效后一年可报销7000元）

月薪：12000元＋奖金。奖金方案：平均工资是每月16000元人

民币以上（基本工资＋奖金）

- 两周的带薪培训期
- 提供工作 Z 签证
- 享受带薪假期（12 天）
- 幼儿园会提供教学课程

　　如果你对这份工作感兴趣，请将你的简历和照片通过电子邮件发给我们。请注明职位名称"上海浦东和浦西地区的幼儿园工作"，没有标明职位名称则视为失效。

3. 有关网络讨论的一些详细分析

　　本次讨论的相关内容以一个样本广告结束，说明英语教学在中国是一 120 个有利可图的市场。一个月 16000 元人民币的工资远远高于当地中国大学教授的工资。然而，对于在中国的非洲人而言，这个利润丰厚的教学行业在中国存在很大的歧视。这里已经提出的话题可以分为三类：抱怨、鼓励和反抱怨。我认为这种结构很好地描述了平时种族歧视的现象。

　　（1）抱怨

　　围绕着种族歧视的抱怨往往是由一些事件或经验引发的。在这种情况下，有一些非常合格的英语教师，因为他们皮肤的颜色而失去了教学的机会。上海的情况与美国（其中大部分参与讨论的黑人来自的国家）或任何其他西方国家的情况不同之处在于，很明显在上海的受害者似乎接受了这个现实，他们只是希望招聘广告告知他们有一个"不雇黑人"的政策。成员 MB 的分享就非常明确地说明了这个问题："我并不在乎种族偏见，但我很烦他们从一开始就不告知。"或者，甚至说：

　　　　我的抱怨不是他们基于种族而拒绝雇用。我的抱怨是他们不能直接面对它！你问："如果我是黑人，会有问题吗？"有时候，他们说，是的。我感谢他们没有浪费我的时间。

　　一些成员指出，如果这种事情发生在其他地方，无论是黑人还是中国人，将会引发绝对的大混乱。但他们似乎明白了，在中国情况有所不同，121 因为法院不会受理这种具有明显的种族主义歧视倾向的排斥性广告的诉讼案件。事实上，非洲人在上海的经历与在中国的其他地区的黑人没有什么不同，尤其是在广州。有时候，警察和执法人员粗暴地对待非洲移民而不用为此承担任何责任。

（2）鼓励

鼓励或建议的言语经常会随着抱怨出现，表明持之以恒的行动和不放弃的信念。这方面的例子可以在以前各个地方的摘录中看到。例如，Kay-laoshi 写道：

> 你们这些人听起来像是你们两天前刚刚来到中国一样。

> 近几年来情况几乎变得越来越好，要比 10 年前更好。很多学校聘请黑人的数量超过白人了，所以如果你被一个学校拒绝了，放松一点，继续寻找新的机会。因为你是黑人他们不会雇用你，这不是什么新鲜事，这种事不应该使你失望。

（3）反抱怨/拒绝

反抱怨的人通常是那些认为应该实行种族主义的小组成员，或站在一个完全"中立"立场的人，但也可能是小组成员中那些种族主义问题中的所谓的受害者。在上海，大多数反映这一观点的人是黑人自己。如下的一个评论似乎否认这种种族主义的发生：

> 我是一个身高 188 厘米，体重 135 公斤的美国黑人，在上海三个不同的学校任教两年，在我的工作中，或在我寻找工作中，我从来没有遇到过这种公然的种族歧视的情况。最糟糕的事情就是偶尔会被要求唱歌、跳舞或说唱。

122　　他感受到的明显的烦恼是当人们要他唱歌或说唱时。另一个参与这个网络社区的人提出了一种含蓄的否认种族歧视的观点：

> 我只是觉得，有时候信心和经验很重要。我不否认，有一些黑皮肤的人，无论是从美国或从非洲来的黑皮肤的人都有了一些种族主义的经历。最主要的是要知道如何处理它。有时，这些中国人对于这样的事情只是无知。

总体上，AfroShanghai. com 社区非常活跃。有时论坛没有新帖，论坛会进入长期的"休眠"状态，但只要讨论一些热点问题，人们又会突然活跃起来。

4. "上海遇见非洲"网站

另一个有用的网站叫"上海遇见非洲"（http：//www. urbanatomy. com/index. php/community/global/1884 – shanghai – meetsafrica），是一个称为"urbanatomy. com"的网站。

"上海遇见非洲"网站列出了截至 2009 年 8 月 3 日生活在上海的非洲人的数量（见表 4 – 1）。从表中可以看出，有九个国家的代表，尼日利亚人（400 人）比任何其他的非洲人要多，在广州的情况也是如此。第二大群体是南非人，350 人。人数最少的非洲人来自埃塞俄比亚，据报道在上海只有 6 人。以这些统计数据为基础，2009 年在上海的非洲人总数为888 人。

表 4 – 1　生活在上海的非洲人数量

单位：人

国　籍	在上海的非洲人数量	国　籍	在上海的非洲人数量
尼日利亚	400	肯尼亚	20
南非	350	加纳	15
喀麦隆	35	多哥	12
刚果民主共和国	25	埃塞俄比亚	6
赞比亚	25	总数	888

资料来源："上海遇见非洲"网站，统计时间截止到 2009 年 8 月。

123

除了这些有用的统计资料之外，这个网站也提供一些关于每个非洲国家的有用的数据，包括每个国家的文化模式、人口数量和一些基本信息。

虽然"上海遇见非洲"网站的统计数字和其他量化数据非常有用，但它没有引起广泛的讨论，像那些在 AfroShanghai. com 网上的讨论。鉴于此，对于 AfroShanghai. com 所进行的详细的定性研究，用于这个网站是不合适的。

然而，这两个网站在说明 21 世纪社区概念变化的本质方面都具有很重要的作用。非洲社区和在上海非洲人的存在可以被描述为这个城市的"隐形存在"：我们不能从物理的空间上来看（在这个城市里几乎没有任何非洲人的足迹），但是，我们可以在网络的空间里"看到"他们充满活力的生存方式。然而，这个结论并不意味着，在上海没有单个非洲人。在下一节中，我会回到更传统的研究方法，同时呈现两个生活在这个城市里的非洲学生的访谈。

四　在上海与两个非洲学生的访谈

我们采访的对象中有五人来自乍得，两人来自赤道几内亚，一人来自刚果民主共和国。两位乍得学生同意让我用访谈的方法，这就是在这一段里摘录的部分。我们是在 2009 年暑假期间从 8 月 9 日至 8 月 16 日进行的这些访谈。这个调查的联络人 S 先生是华东理工大学的学生（ECUST）[1]。

在来上海实地考察时，我的中国研究助理杨晓霖走访了南京路步行街、华东理工大学以寻找在上海的非洲人；我也有一个月这样类似的旅行时间。以下是杨晓霖实地考察日记的摘录：

124　　　　南京路步行街就是一个简单的购物区，有许多游客。不幸的是，我在那里没有遇见任何非洲人。华东理工大学是中国的国家重点大学之一，该校接收了许多非洲学生。当我问在哪里可以找到非洲人时，一位出租车司机明确告诉我在这所大学可以找到。然而，由于我访问期间是暑假，只有少数学生在学校，许多学生都回家了。

如果"上海的非洲人社区"意味着是一个在上海的非洲商人的社区，那么在上海，不像一个受访者建议的那样存在着一个非洲人社区。然而，可以说在上海有一个网络上的非洲人社区 AfroShanghai. com。该论坛（http：//www. afroshanghai. com /上海/）在网络上发挥着积极的作用。在上海的非洲人和新到上海的非洲人真的专门询问这个论坛，同时通过论坛来交流信息。

事实上，尽管在网站中发挥了积极作用，该论坛真的不是很活跃。例如，在非洲之家论坛上（http：//www. afroshanghai. com/shanghai/index. php？board =11）每月平均只更新 3 ~ 4 个帖子。非洲之家论坛是一个有关非洲人在上海、中国和其他地方生活、工作和学习的论坛。在这次旅行中，我试图通过论坛来联系 AfroShanghai.com 的坛主，但我没有得到答复。

由于在上海的非洲人的数量不是很多，他们有可能分布在上海的不同区域，因此，事实上，在上海寻找非洲人并不是一个容易完成的任务。也许大学会是一个有更多非洲人的地方。除了华东理工大学之外，在上海交通大学、复旦大学、上海同济大学等高校里也有非洲学生。

经同意后，我与两个非洲人进行了长谈，以下是谈话内容。

(1) 1 号面谈者 G 先生

G 先生是从乍得来的一个 35 岁的学生，在华东理工大学学习通信工 125 程，这个暑假他曾在一家公司工作。如果能赚足够的钱，他希望他的妻子能过来看他。

他认为，上海的生活对他来说很困难，因为他是一个外国人，这样，找工作不是很容易。在他看来，要在上海创业的话非常困难，这也就是为什么在这个城市里面没有多少非洲人。只有几个来自他的国家的学生娶了中国的女人最终留在了中国。

G 先生似乎对于开手机销售店十分感兴趣，他问我在香港什么样的手机最流行以及价格到底有多贵。和许多在中国的非洲人一样，他也在寻找自己创业的机会。

(2) 2 号面谈者 S 先生

S 先生也是从乍得来的学生，在华东理工大学学习石油化工工程，在我们采访的时候，他已经在上海生活了 3 年多。与那些可以通过兼职以补贴学费和生活费的当地学生不一样，S 先生无法找到工作，他发现在上海生活非常困难。然而，他似乎很享受他在上海的生活。2009 年夏天，他没有回乍得，因为他的父亲在埃及做了手术，他的父母不回家。他的父母也没有给他钱。

对于 S 先生而言，在上海学习是不容易的。因为费用高，而且他还需要学习很多东西。S 先生认为，在中国的学习任务量比在自己的国家要重。此外，他还必须学会汉语的听、说、读、写，这是在大学里使用的主要语言。与香港本科学生不同，在上海的学生要花一天的时间学习。他们有许多课程要上，要完成许多作业。因此，生活在上海的学生会非常忙碌。学校有两个校区：徐汇校区和奉贤校区。S先生住在徐汇校区却不得不每天花两个小时的时间赶到奉贤校区上课。当他上完所有的课，回到校园时，已经是晚上了。周末时，S先生常去人民广场与那些也在上海学习的朋友见面。

当我问他为什么选择来中国学习时，S先生说只是因为他可以为他研究的内容获得更好的教育。这也让他有机会多学一门语言——汉语，他现在说汉语和写汉语都非常好。此外，他还提到，在来中国之前他不会说英语。他是通过听英语歌曲和看电视节目学会英语的。总之，S先生认为，尽管他面临着困难，但是在上海的生活是美好的。

五　结论

上海经常被视为中国最具国际化的城市，因此它接待着来自世界许多地方的人。可以预测，非洲人的存在会反映出这个城市的国际性，但与大部分中国主要城市（广州、北京和香港）的情况相反，在上海并没有多少非洲人，没法与在广州天秀、北京三里屯或香港重庆大厦的非洲人相比。

对于在中国的非洲移民的专门研究和对亚洲移民的一般研究而言，这个场景在理论和方法上都很有趣。这种特殊的情况使我有必要将移民社区概念重新定义一下，将它从一个物理空间的坐标扩展为包括虚拟空间的坐标。我也使用了不同的研究方法和技术来探索这个社区。

在上海的非洲人在未来20年后，即到2030年会是什么样？我们很难对未来进行预测。然而，我相信至少有两个主要因素将会对未来在上海的非洲人的形成和确定有影响。首先取决于上海政府和中国政府的行动，第二依赖在中国其他地区非洲商人的成功。

中国的移民法发展的脚步赶不上中国迅速崛起为世界经济实体的发展步伐，它目前已是世界上第二大经济实体。不幸的是，中国在21世纪的经济中还在使用20世纪的移民法律制度。人们需要的不仅仅是一个现代的、公平的、合理的移民政策以促进商品的自由流动和服务，还要有完整的劳动法来消除这种赤裸裸的歧视——正如上海的黑人英语教师所遭遇的那样。如果中国政府提出并实施好的移民和劳动法规，非洲人和黑人专业人士社区将会继续增多。

　　能够影响在上海的非洲人口增长的第二个因素是在中国其他地区特别是华南地区的非洲商人的成功。目前，对于他们而言，在上海的生活和经商的成本太高。这就是在上海没有太多的非洲商人的一个原因。此外，绝大多数为非洲市场生产的产品都是在广州和义乌。然而，在非洲商人中出现了一个明显趋势，他们已经从只能批发配送和运输货物到非洲的贸易商人变为制造商和工厂主人。

　　如果这种趋势继续下去，越来越多的非洲商人也能够负担得起将他们的住宅甚至将他们的业务总部设在上海的费用，在北京的一些商人已经出现这种情况。如果这种情况真的成为现实，那么在上海的非洲人就有可能从几乎明显的缺席和隐形的虚拟存在蜕变为继香港之后在中国最具国际化的大都市中一个充满活力的非洲商人和专业人士的社区。 128

尾注

1. http：//www. ecust. edu. cn/s/2/t/31/main. htm。

第五章 非洲人在北京

一 简介

北京是中国的首都，可在中国的非洲人心目中，它不是非洲人的中心，

广州才是他们现在的中心。目前在北京的非洲人与前面章节所提到的非洲人完全不同。首先，除了香港和澳门，北京是最能留住非洲人并让他们待在中国时间最长的一个地方，这里所说的中国自然是中国大陆。其次，这个城市接纳了各行各业的非洲人，包括学生、商人、经销商、公司代表、教师、艺术家以及非洲国家和国际组织的官员。以上行业中的最后一部分人成为在北京的非洲人的第三个特色：它是各政府代表的聚集地，包括大使和层次不一的使馆官员以及国际组织的外交官员。我发现非洲人高度集中在三里屯娱乐区，这就是我在北京的研究区域。在一次保守的调查问卷中，21 位参与其中，其结果给我们提供了北京的非洲人团体中一些基本的社会文化数据。

二 三里屯：在北京的非洲人的中心

2009 年 8 月 23 ～ 30 日，我通过问卷和深度访谈的形式在北京三里屯附近进行了调查。我还采访了一位在北京经商的中国人，他曾在乌干达居住了 20 多年。

三里屯地区由香港太古集团开发，并在其周边形成了一个商业圈，叫"三里屯"（见照片 5 - 1），它分为南、北两个区。

三里屯的官方网站是 http：//www. thevillage. com. cn/chi/index. html。三里屯有一个特点：非洲人晚上常聚集在此应酬。三里屯从北到南，有很多的使馆，因此，在这个地方更容易遇到外国人。该地区有相当多的非洲

照片 5 - 1 三里屯

主题餐厅，然而，没有一家像比力比利（Pilipili）餐厅那么火爆。在北京，
这曾是一家非常有名的非洲餐厅，因为要举办北京 2008 年奥运会，它所处
的位置需要重建，因此该餐厅被迫关闭。比力比利曾承诺在一个新的地点
重新开张，但我一再询问相关信息，业主均无回应，最终我与他们失去了
联系。另一个火爆的餐厅是三里屯往北的埃塞俄比亚餐馆，叫拉斯埃塞俄
比亚美食（见照片 5 - 2）。然而，它不如比力比利火爆，因为 2009 年我在
北京做研究时，它才新开张。

照片 5 - 2 拉斯埃塞俄比亚美食

97

三　在北京的非洲人的社会文化简介

以下是有关在北京的非洲人的一些基本统计数据。但应该指出的是，这并不具有代表性，因为调查范围太小，仅21人，而且受访者是随机选择的。不过，数据会让大家深刻了解一些受访者的国家、他们语言的熟练程度以及有关性别、年龄等人口信息。我也汇总了一些来自受访者的评论，跟一位受访商人进行了深度谈话，还与尼日利亚使馆工作人员举行了一个简短的讨论会。

2009年夏天，一位助理研究员花了大约一星期时间，观察了在北京特别是三里屯附近来来往往的非洲人，做了21份调查问卷。

1. 人口统计信息

（1）年龄

134　　21位受访者中，8人为31~34岁，这是人数最多的一个群体；3人是35~40岁，这是人数最少的群体（见表5-1）。

调查表明，这是一个相对年轻的人群，其中有近一半都是30岁以下。

表5-1　受访者的年龄段（北京）

单位：人

年龄段	受访者人数	年龄段	受访者人数
21~24岁	4	31~34岁	8
25~30岁	6	35~40岁	3

（2）性别

21位受访者中，3位女性，18位男性（见表5-2）。

表5-2　受访者的性别（北京）

单位：人

性　别	受访者人数	性　别	受访者人数
女	3	男	18

（3）受教育水平和职业

所有的受访者都完成了中学教育，其中14人具有大学学历，5人具有研究生学历（见表5-3）。

表5-3　受访者的受教育水平（北京）

单位：人

受教育水平	受访者人数	受教育水平	受访者人数
中　学	2	研究生	5
大　学	14		

至于职业，21人中，8人是学生，5人是商人，3人自称商务经理（见表5-4）。

表5-4　受访者的职业（北京）

单位：人

职　业	受访者人数	职　业	受访者人数
学生	8	旅游经理	3
商人	5	经销商	1
商务经理	3	工人	1

尽管采集的数据范围不算太大，但以上关于学历和职业的数据显示，在北京的非洲人学历相当高，或许高于在广州等其他地区的非洲人。在广州，很多非洲人主要是小商贩。

2. 国籍和语言

（1）国籍

尽管受访者只有21人，但他们来自九个不同的国家，这也具有多样性，其中4人来自喀麦隆，4人来自加纳，这两个国家的人数最多（见表5-5）。

表5-5　受访者的国籍（北京）

单位：人

国　籍	受访者人数	国　籍	受访者人数
喀麦隆	4	尼日利亚	2
加纳	4	利比里亚	1
刚果民主共和国	3	利比亚	1
南非	3	马里	1
中非	2		

（2）母语

受访者的母语共计 12 种，其中 6 人说法语，这是主要的语言群体，其他人使用不同的语言（见表 5 – 6）。

表 5 – 6　受访者的母语（北京）

单位：人

母　语	受访者人数	母　语	受访者人数
法语	6	英语	2
特维语	3	豪萨语	1
约鲁巴语	2	巴米累克语	1
聪加语	2	班巴拉语	1
桑戈语	2	阿拉伯语	1
林格拉语	2	阿非利堪斯语	1

又要以广州为例，许多来自讲法语的国家的非洲人坚持说法语是他们的母语，尽管我一再解释我们需要知道他们童年时使用的非洲语言是什么。

（3）其他语言

除了母语外，大部分的受访者（19 人）会说英语，还有 7 人会说汉语。受访者能说的其他语言共有四种（见表 5 – 7），分别是英语、汉语、法语和印地语。

表 5 – 7　受访者使用的其他语言（北京）

单位：人

其他语言	受访者人数	其他语言	受访者人数
英语	19	法语	4
汉语	7	印地语	1

3. 移民故事

当我问他们为什么留在北京和中国时，有 7 人表示他们是为了做生意，6 人提到为了学习（见表 5 – 8）。其他人原因不一，有的是来参加研修班，有的是为了参观展览会，还有的仅仅是在北京居住和工作。

表5-8 留在北京的理由

单位：人

理 由	受访者人数	理 由	受访者人数
做生意	7	参观展览会	1
学习	6	居住在此	1
参加旅游研修班	3	工作在此	1
拜访家人/朋友	3		

138

关于在京停留的时间，大部分的受访者住在北京不到1年。其中有9人来北京不到1个月或更短。只有4人在北京住了有1年以上的时间（见表5-9）。

表5-9 停留的时间（北京）

单位：人

停留的时间	受访者人数	停留的时间	受访者人数
1个月或更短	9	6个月至1年	2
1~3个月	2	1~3年	4
3~6个月	4		

大部分受访者（21人中的12人）来过北京1~2次。其中1人甚至来过北京8次以上（见表5-10）。

表5-10 访问北京的次数

次数（次）	受访者人数（人）	次数（次）	受访者人数（人）
1~2	12	>8	1
3~4	2	不适用	6

4. 跨文化交际

（1）汉语和英语的熟练程度

为了了解非洲人在跨文化交流方面遇到的困难，我询问了受访者有关对汉语的熟练程度以及他们在与中国人沟通时遇到的障碍。结果显示，其中有9人根本就不会说汉语。只有1人声称，他的汉语还是不错的（见表5-11）。

139

表 5 – 11　汉语的熟练程度（北京）

单位：人

熟练程度	受访者人数	熟练程度	受访者人数
优秀	0	较差	7
良好	1	很差	1
一般	3	不会	9

至于对英语的熟练程度，他们中的 12 位认为自己的英语水平良好，6 人认为他们的英语水平优秀（见表 5 – 12）。

表 5 – 12　英语的熟练程度（北京）

单位：人

熟练程度	受访者人数	熟练程度	受访者人数
优秀	6	较差	2
良好	12	很差	0
一般	1	不会	0

140　　　　其中大多数（21 人中有 15 人）认为英语在北京不是通用语言，这个结论与我在广州调查的非洲人的观点恰恰相反（见表 5 – 13）。

表 5 – 13　英语是否为通用语言（北京）

单位：人

观　点	受访人数	观　点	受访人数
是	6	不是	15

大部分受访者认为，他们在北京最常用的语言是汉语，即使在移民中也如此（见表 5 – 14）。这个结果表明，大多数受访者可能是说法语，相对英语而言他们可能更愿意把汉语当作通用语言。

表 5 – 14　第二种通用语言（北京）

单位：人

语　言	受访者人数	语　言	受访者人数
汉语	6	约鲁巴语	1
法语	1	没有通用语言	13

（2）沟通问题

受访者中只有5人从没遇到过沟通问题。他们中许多人（21人中有16人）曾遇到过此类问题（见表5－15）。

表5－15　遇到沟通问题的频率（北京）

单位：人

频　率	受访者人数	频　率	受访者人数
总是	4	很少	0
经常	2	从不	5
有时	10		

5. 在北京的社会身份与社会关系

虽然我接触的非洲人主要是临时的移民群体，但我想知道受访者是怎么理解他们的社会身份——他们是否把自己当作北京本地人，在多大程度上认为自己是北京人。大多数人（21人中有15人）没有把自己当作北京当地人（见表5－16）。事实上，有一半以上的人（21人中11人）认为自己与北京当地人不一样，但有趣的是，他们认为差异不大（见表5－17）。

表5－16　作为北京本地人的自我认同程度

单位：人

认同程度	受访者人数	认同程度	受访者人数
很大	0	较小	2
较大	0	很小	0
中等	4	没有	15

表5－17　与北京本地人不同的认知程度

单位：人

认知程度	受访者人数	认知程度	受访者人数
很大	3	较小	11
较大	4	很小	0
中等	0	没有	3

142   我发现，他们中有一半人（21 人中有 11 人）认为，除了自己的圈子以外，他们与北京当地的社区几乎没有联系。确实，受访者中没有人认为他们在很大程度或较大程度上与当地社区有联系（见表 5 – 18）。

表 5 – 18   与北京当地社区的社会联系程度

单位：人

联系程度	受访者人数	联系程度	受访者人数
很大	0	较小	4
较大	0	很小	3
中等	3	没有	11

6. 文化适应过程与美食

在北京的非洲人是如何适应北京文化的？大多数受访者曾努力让自己习惯北京的生活。他们认为，北京的生活在很大程度上或较大程度上与非洲原籍国的生活是不同的（见表 5 – 19）。

表 5 – 19   与原籍国生活的差异程度（北京）

单位：人

差异程度	受访者人数	差异程度	受访者人数
很大	6	较小	5
较大	9	很小	0
中等	0	没有	1

受访者很难找到他们本国的食品。几乎所有的人（21 人中有 20 人）都吃过中国食品（见表 5 – 20）。同时，超过一半的人在北京从未吃过他们原籍国的食品。只有 1 人说，他总能吃到他自己国家的食品（见表 5 – 21）。

表 5 – 20   食用中国食品的频率（北京）

单位：人

频 率	受访者人数	频 率	受访者人数
总是	7	很少	0
经常	1	从不	1
有时	12		

143

表5-21 食用原籍国食品的频率（北京）

单位：人

频 率	受访者人数	频 率	受访者人数
总是	1	很少	1
经常	1	从不	12
有时	6		

尽管他们渴望吃到自己国家的食品，但他们不能确定在哪家餐馆，哪个地方能吃到正宗的非洲食品，这便是他们发现北京生活与家乡生活差异很大的地方之一。与广州的情况确实不一样，那儿有许多非洲餐馆。然而，现在新的非洲餐厅在北京如雨后春笋般兴起，前面提到的拉斯埃塞俄比亚餐厅和幸福中路 39 号的 Tuuray 非洲之家，标榜自己能提供泛非洲 - 加勒比美食。毫无疑问，在不久的将来此类餐馆会有更多。表 5 - 22 是受访者对北京生活的另外一些评论。

表5-22 附加评论（北京）

问卷数	评 论
5	北京是一个社会化程度很高的城市，人们总是快乐、勤奋。
7	我来中国是为了学习。我的祖国送我来这里学习真好，因为中国和我的国家关系友好。
8	虽然我购买的商品来自中国其他城市，但我还是喜欢待在北京。我常去其他城市（如广州、深圳）购买一些商品如电子产品等。
10	我来这儿是因为大使馆都在这儿。但我的业务在义乌，因为在北京没有工厂。北京是政治意义上的首都，但不是经济意义上的首都。
12	我是做国际贸易的，曾去过中国很多地方购买商品，其中包括北京。

144

7. 采访一位商人以及与使馆官员的讨论

除了这些问卷调查，我还与一位商人进行了较长时间的交流，也与尼日利亚大使馆的大使和官员进行了一系列简短的非正式讨论。

来自喀麦隆的经销商 K 先生在北京住了 3 个多月，这是他第三次来北京。虽然他住在北京，他的业务却在广州等其他城市。

K 先生解释说，他住在北京，是因为他喜欢这里的生活方式。他认为，与其他城市相比，北京更适合居住。他的生意不在北京，只是因为这里没有工厂，也无法给他提供他想要的货。他说，北京是政治意义上的首都，但它不是经济意义上的首都。虽然 K 先生的生意不在北京，但他就喜欢待在这儿。

他还提到他的一位非洲朋友在北京学设计，毕业后在北京做设计，这表明在北京有非洲人做生意。然而，不像广州的非洲生意人那样，他们的业务往往更多涉及特殊技能和专业能力。K 先生注意到，一些非洲生意人来北京，是因为他们需要申请或更新签证。但根据 K 先生的经验，在北京，对于从事贸易的普通非洲生意人来说商机不多。

2009 年 11 月，我有幸来到了一位尼日利亚朋友的公司（我们都是居住在香港的学者，碰巧一起出席过北京的一次会议），这个朋友曾是尼日利亚使馆一位领事的同学。我们一起拜访了这个领事，后来又去了尼日利亚大使在北京的住所，这让我整个晚上都在与这些知识渊博的外交官讨论有关在北京的非洲人的存在、他们的后裔以及他们在促进中非关系方面所起的作用。关于我提出的中非人民之间的关系问题，外交官说，促进中非关系不光需要官方的努力，对于居住在北京以及在北京停留的非洲人而言，他们都有一个特别好的机会来发挥他们的重要作用以促进中非关系良好发展。例如，由于北京是首都，非洲的专业人士和学生更有可能与中国政府官员接触，也有更多的机会提请他们注意非洲国家丰富的文化和名胜古迹，特别是非洲国家可提供的投资潜力。当然，外交官们也担心一些住在中国的非洲人，特别是在广州的大量非洲流动人口的一些活动带来的形象问题。

四　在北京的非洲组织与机构

在研究中，我发现了一些有可能决定北京非洲后裔未来的新兴组织和机构，其中包括由与非洲有着密切联系的中国商人开办的有关非洲主题的艺术收藏馆，一个著名的非洲足球俱乐部，还有一个刚刚成立的非洲专业人士和学生社团。此外，我还了解到，在中国音乐界，有一位来自尼日利亚的歌手成为冉冉升起的明星。

1. 非洲艺术收藏馆

在北京，一个最重要却鲜为人知的非洲艺术文化中心坐落在朝阳区[1]。 146
该机构是郭栋（Guo Dong）先生的创意，我有幸对他进行了详细采访。他
很高兴地得知，有人在研究在北京和中国的非洲人的现状，并准备出书。
他很快约定跟我见面。郭栋曾在乌干达居住了 20 多年，在我们会面的时
候，他还经常住在北京。他在乌干达拥有一家纺织厂，在其他一些非洲国
家也有纺织厂。

他亲切地把我和我的同事带到收藏馆参观，其中主要包括面具和玩
偶，尤其是来自许多非洲国家如乌干达、刚果、喀麦隆和马里等国的生育
玩偶。郭解释说，该中心在将北京和中国的非洲人作为一个整体方面已经
发挥了重要的作用——很多大使前来参观，每年 5 月 25 日的非洲日，它常
常作为非洲人活动的中心。这次展览以独立分开展出的喀麦隆收藏品为
主，而在大厅有许多表演。当我问到这种展览免费向公众开放，郭先生如
何为该项目筹集资金时，他说，自从他 2007 年开始展出他的个人收藏以
来，他已经把它作为改善中非关系的善举。

不过，他解释说，该项目使得他与一些参与中非关系方面的重要人物
有了宝贵的接触机会，由此促进了中国商人和非洲官员之间的关系，他特
别提到了他与乌干达总统的密切关系。由于郭先生长期待在非洲，他身上
有许多非洲人的特点。他说的英语还带有明显的乌干达口音。

郭先生和他的艺术中心是中非关系重要桥梁的良好实例。他这方面的
经历应该被记录下来，可以通过像我这样的研究性访谈、媒体报道，甚至
将他在非洲和回到中国的人生经历拍成纪录片。事实上，我认为在撰写中
非关系论文时，郭先生的经历有可能成为很好的主题。

2. 足球俱乐部

要说明非洲人在中国的存在，最令人兴奋的一件事是成功组建了业余
足球俱乐部。这些俱乐部在中国足球低级别联赛中参赛并赢得联赛，获得
奖杯，而且有朝一日很可能打进中国甲级联赛。我用北京非洲联队足球俱 147
乐部（Afrika United FC）（由之前存在的两个非洲俱乐部合并而成）的案
例说明了这一现象。非洲联队足球俱乐部已经存在了 10 多年时间，这支球

队中许多球员有抱负将晋升职业足球比赛，因此在北京这种低级别联赛的足球比赛中，这支队伍被认为是非常强大的。大多数球员是就读于中国首都各大学的非洲学生，但也有一些来自非洲和其他国家的球员，他们一开始就是奔着踢足球的目的来的。

由卢克·迈尔斯（Luke Miles）2006 年制作的时长 50 分钟的《北京的非洲战靴》影片，主要讲述了非洲联队足球俱乐部的故事，可访问网址 http：//africanboots. com/category/africa – united – fc/。这支队伍由一位埃塞俄比亚人负责，他在 21 世纪初期落户北京前，曾是洛杉矶的出租车司机。球队由非洲各地的球员组成，特别是尼日利亚球员。它的座右铭是"哈库纳玛塔塔"（Hakuna Matata，在斯瓦希里语里意为"无忧无虑"）。非洲联队足球俱乐部因此成为北京非洲人存在的一个突出实例。

3. 青年组织

在北京的非洲人开始组织自己的专业团体。2009 年，一群非洲人走到一起，成立了一个名叫"年轻的非洲专业人士和学生"（Young African Professionals and Students，YAPS）的组织。他们的媒体协调员是名叫温玛巴伊·卡杰塞（Vimabayi Kajese）的津巴布韦人。她是中国中央电视台（CCTV）第一位非洲新闻主播，她的作用是在普通的中国电视观众心目中提高非洲在中国的知名度。YAPS 的网址为 http：//www. yapschina. com/index. html，它维护良好，网上清楚地表明了成立该组织的原因和目的，其中包括：帮助那些新来中国定居的非洲人，同时也促进中国和他们本国之间的关系发展，这两者对非洲后裔和非洲移民团体而言有着重要的意义。他们在北京朝阳区三元桥的国际港 D 座有一间办公室（在研期间）。他们在脸书网也有网页，网址是 http：//www. facebook. com/group. php？gid = 89494394890。

4. 艺术新人

许多歌星艺人最初以非洲后裔出现，后来在中国的国家级舞台上逐步出名。然而，这种日渐增多的关注不是完全轻松愉快。歌手娄婧（Lou Jing）作为 2009 年上海音乐比赛的决赛者之一，她一出现就因为种族主义者的辱骂引起了一片哗然，因为有些观众直指这个年轻女孩的混血身份。

常常被人称为"巧克力女孩"甚至"黑珍珠"的娄婧的妈妈是中国人，爸爸是美国黑人。尽管有时遭到辱骂，但她一直坚持唱到最后。

另一位日益突出的北京艺人郝歌（Hao Ge, Uwechue Emmanuel），原籍是尼日利亚。他 2002 年来到中国开始他的歌唱生涯，在中央电视台（CCTV）的歌唱比赛中获得亚军后一举成名。2011 年 3 月 15 日的《纽约时报》网络版对这位歌手做了大篇幅的介绍，他来自非洲，来到中国追求自己的歌唱事业，一跃成为中国乐坛的明星，并致力于促进中非关系的发展。

五 结论

最后，再次回到我最初的观点。尽管北京是中国的首都，但在中国的非洲人心目中它并不是非洲人的中心。正如我曾采访过的喀麦隆生意人说的，绝大多数的非洲生意人，即使他们在北京有家，或有时待在北京，但他们更喜欢在广州、义乌等这样的地方做生意，因为在中国，"北京是政治意义上的首都，但不是经济意义上的首都"。 149

然而，在北京的非洲团体以参加各种活动的方式，时刻准备着发挥他们积极的作用，以促进中非人民之间良好关系的发展。可以看出，为了在中国促进中非文化交流并让中国人对非洲有大致的了解，他们组建了专业的青年组织。足球运动员、歌手等娱乐专业人士都开始从非洲社团中冒出来展示非洲的文化，从而让大家更多地关注在北京的非洲人。

尾注

1. 非洲艺术展网址：http：// www. bridgeartcenter. com/；电话：010 - 85800260；地 150
   址：北京市朝阳区建国门 78 号。

第六章　非洲人在香港：一个加纳
社区的案例研究

一　简介

在中国，香港是与世界特别是西方世界接触最多的城市。在香港有一个相当大的非洲社区，尽管广州的非洲社区最大。香港的非洲社区的活动中心位于九龙尖沙咀弥敦道的重庆大厦里，有许多非洲人去那儿进行商品交易，特别是做移动手机买卖转售到非洲。他们中既有居民也有游客，也有许多来重庆大厦的餐厅以及邻近的大楼（如美丽都大厦）就餐的人。很多有关对非洲社区的分析，包括本人在此方面的分析，往往都集中在这一区域。实际上，除此之外，在香港的非洲团体已经在九龙、新界和香港岛等很多地方发展壮大，那里有很多的非洲人和非洲企业。现在那儿有酒吧和发廊，如苏豪区卑利街的姆昆巴（Makumba）酒吧和上环的祖科马（Zucoma）发廊。许多非洲人在足球俱乐部都起着重要的作用，来自加纳的著名足球运动员费斯特斯（Festus）便是公民足球俱乐部（甲级足球俱乐部）的队长。

有关非洲社团的大多数研究（如 Bertoncello 和 Bredeloup，2007；Bodomo，2007b）都集中在非洲社会的表层类别方面。在本章，我认为虽然这可能是宽泛地了解有关非洲社区在中国的有效术语，但若想更深层次地了解非洲社区组织，如其特殊的文化特色，还需要进行特定亚群的研究，如对各民族社区、区域组织、俱乐部和商务会所等各方面的研究。我通过详细描述香港的加纳社区的方式，对这一有关中国的非洲社会的主题研究进行了从一般到特殊研究的转变。这是一个由西非的加纳居民及其配偶和朋友组成的社区。实地采访发现，社团大约有100人是常住人口，其中30人已跟我进行了

深入的交谈。他们定期举办聚会和团体活动，如在教堂做礼拜，去医院探望 152
朋友，参加"户外仪式"（加纳当地为新生儿第一次向公众露面举行的仪式）、生日派对、葬礼以及每年 3 月 6 日聚在一起庆祝加纳国庆。通过这种把重点放在中国的加纳社区及类似国家社区的方式，我对非洲人在中国的现状及这种现状对发展中的中非关系所起的作用有了更好的了解。

二　调查研究方法

许多受访者是香港的加纳人，就像许多人来自非洲其他国家的人一样，他们也是来香港做生意的。有些人在香港生活了很长时间，已经是香港居民。

这项调查主要是于 2009 年 6 月在尖沙咀弥敦道 36－44 号的重庆大厦的一、二楼及附近地区进行的。报告中还包括我 2009 年前收集的数据，这样使统计的数据更具代表性。

重庆大厦（http：//www. chungking－mansions. hk/，见照片 6－1）是集价格低廉的住宿、商店和餐饮于一体的大楼。一楼和二楼主要是各种商业活动的场所，包括服装、手机、电子产品和货币兑换等商铺。这样的产品吸引了众多来自非洲、西亚和南亚的游客。重庆大厦会聚了来自不同文化背景的人，是典型的国际旅游目的地。

153

照片 6－1　重庆大厦

一楼有一个加纳人称为"嘻哈店"的店铺，专门出售嘻哈风格的服装。加纳人来重庆大厦时喜欢在这家店里闲逛，因为现在的店主和原店主都是住在香港的加纳人，所以人们总能在这儿碰到一两个加纳人，当店里不忙的时候，常能看到三四个加纳人在店外闲聊。

三　调查结果

154　　对香港的加纳人社区所进行的调查既是定量的也是定性的。

1. 人口数据的细节

加纳人社区有趣的人口数据细节体现了定量研究方面的调查结果。

（1）年龄

在33位受访者中，25人是25～34岁，其中16人是25～30岁（见表6-1、图6-1）。

表6-1　受访者的年龄段（香港）

单位：人

年龄段	受访者人数	年龄段	受访者人数
21～24 岁	3	35～40 岁	3
25～30 岁	16	41～44 岁	1
31～34 岁	9	45～50 岁	1

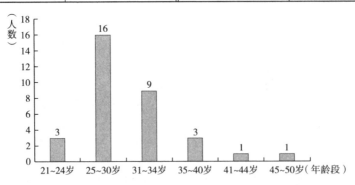

图6-1　受访者的年龄段（香港）

（2）性别

性别差异很大，女性9人，男性24人（见表6-2）。70%以上的受访者是男性，而女性不到30%。

表6-2 受访者的性别（香港）

155

单位：人

性 别	受访者人数	性 别	受访者人数
女	9	男	24

（3）受教育水平

33位受访者中，20人为中学学历，12人为大学学历（见表6-3、图6-2）。

表6-3 受访者的受教育水平（香港）

单位：人

受教育水平	受访者人数	受教育水平	受访者人数
小学	1	大学	12
中学/高中	20		

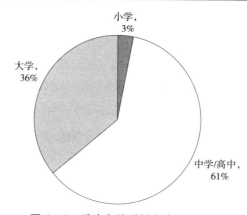

图6-2 受访者的受教育水平（香港）

（4）职业

不出所料，大部分受访者把自己定义为商人和经销商，33位受访者 156 中，9人把自己定义为商人（businessman），8人把自己定义为经销商（trader）（见表6-4、图6-3）。

表6-4 受访者的职业（香港）

单位：人

职 业	受访者人数	职 业	受访者人数
商人（businessman）	9	农民	1

续表

职　业	受访者人数	职　业	受访者人数
经销商（trader）	8	足球运动员	1
美发师	2	图标设计师	1
教师	2	日本空手道教练	1
服装设计师	1	机械工程师	1
通信工	1	秘书	1
电脑程序设计员	1	女裁缝师	1
工程师	1	无业	1

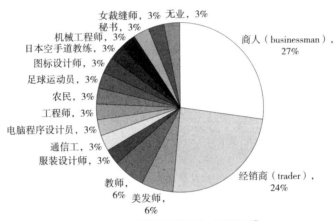

图6-3　受访者的职业（香港）①

（5）母语

受访者中，15人的母语是特维语，这也是社区中说得最多的语言。作为各种阿肯人的语言，特维语也是加纳人使用最广泛的语言。有些受访者使用一种以上的母语（见表6-5、图6-4）。

表6-5　受访者的母语（香港）

单位：人

母　语	受访者人数	母　语	受访者人数
特维语	15	阿肯语	2
加蓬语	4	扎卜拉马语（Zabrama）	1
达格巴内语	3	达加里/瓦拉语	1

---

①　计算百分比时因保留小数点后两位，故最终合计为99%。——译者注

续表

母　语	受访者人数	母　语	受访者人数
豪萨语	3	曼丁哥语	1
芳蒂语	2	阿散蒂语	1
埃维语	2	阿达语	1

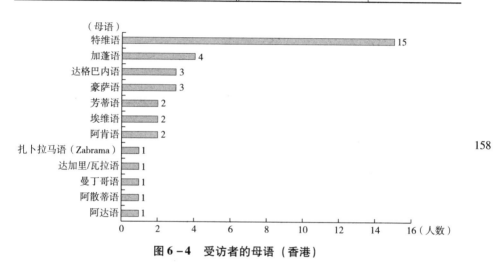

图6-4　受访者的母语（香港）

158

(6) 受访者使用的其他语言

加纳将英语作为官方语言，因此，所有的受访者都会说英语，这不足为奇。有一部分人（7人）也说特维语，这是加纳许多地区都讲的语言。从受访者的反应来看，汉语和广东话被视为不同的语言（见表6-6、图6-5）。

表6-6　受访者使用的其他语言（香港）

单位：人

其他语言	受访者人数	其他语言	受访者人数
英语	33	达格巴内语	2
特维语	7	法语	2
汉语	6	广东话	1
豪萨语	5	埃维语	1
加蓬语	3	加当梅语（Gadangme）	1
阿拉伯语	2		

115

159

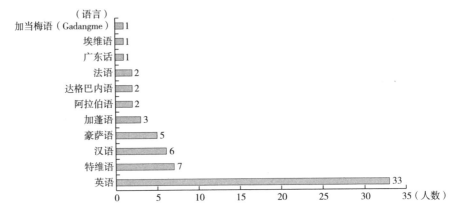

图 6 – 5　受访者使用的其他语言（香港）

（7）留在香港的理由

在众多的可供选项中，受访者可选择一个以上的原因作为他们留在香港的理由。我发现，大部分人（20 人）来到香港主要是做生意。还有一些人（11 人）是住在这个城市，也有一些是来度假、拜访家人或朋友、留学（见表 6 – 7、图 6 – 6）。

表 6 – 7　留在香港的理由

单位：人

理　由	受访者人数	理　由	受访者人数
做生意	20	留学	2
住这里	11	踢足球	1
度假	4	避难	1
拜访家人或朋友	3		

160

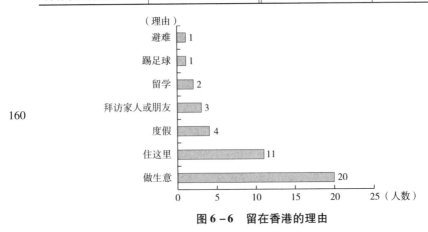

图 6 – 6　留在香港的理由

（8）在香港停留的时间和访问香港的次数

我发现很多受访者在香港停留的时间很短，最短的仅 1 个月左右，有些待的时间长一些，有 5 人在这个城市待了 1～3 年，8 人已经超过 3 年。一位受访者在香港住了 20 年（见表 6－8、图 6－7）。大多数受访者（33 人中有 15 人）只来过香港 1～2 次。其他细节如表 6－9 和图 6－8 所示。

表 6－8　停留的时间（香港）

单位：人

停留的时间	受访者人数	停留的时间	受访者人数
1 个月以下	13	1～3 年	5
1～3 个月	4	3～5 年	6
3～6 个月	1	5～7 年	1
6～12 个月	2	7 年以上	1

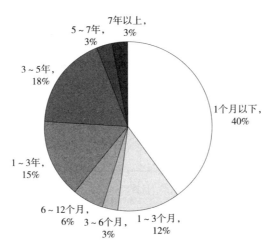

图 6－7　停留的时间（香港）

表 6－9　访问香港的次数

次数（次）	受访者人数（人）	次数（次）	受访者人数（人）
1～2	15	7～8	1
3～4	6	>8	1
5～6	2	其他	8

161

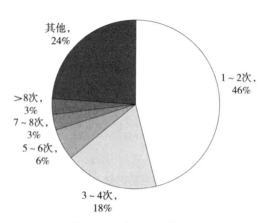

图 6-8　访问香港的次数

（9）汉语和英语的熟练程度

从汉语的熟练程度而言，33 人中有 15 位受访者认为自己的汉语水平很差，只有两人认为自己的汉语水平优秀。然而，他们的英语水平完全不同。绝大部分受访者（33 人中有 28 人）认为自己的英语水平不是优秀就是良好（见表 6-10 和表 6-11、图 6-9 和图 6-10）。

表 6-10　汉语的熟练程度（香港）

单位：人

熟练程度	受访者人数	熟练程度	受访者人数
优秀	2	较差	2
良好	2	很差	15
一般	5	不会	7

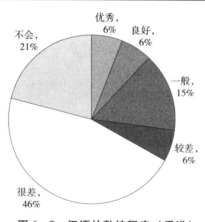

图 6-9　汉语的熟练程度（香港）

表6-11　英语的熟练程度（香港）

单位：人

熟练程度	受访者人数	熟练程度	受访者人数
优秀	15	一般	4
良好	13	较差	1

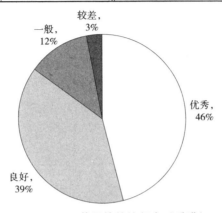

图6-10　英语的熟练程度（香港）

（10）重庆大厦及周边区域的英语和其他通用语言的使用程度

当问及是否认为英语在重庆大厦及其周边区域是通用语言，该区域是 164
否还有其他通用语言时，几乎所有受访者（33 人中有 31 人）都认为，英
语是该区域最常用的语言。除了英语之外，有 23 位受访者认为，广东话或
汉语是最常用的语言（有些受访者不知道在香港的中国人说的是广东话，
但提到汉语指的就是汉语，因此，广东话和汉语在统计数据中是两个独立
的项目）。其他细节见表6-12、表6-13 和图6-11。

表6-12　英语是否为通用语言（重庆大厦）

单位：人

观　点	受访者人数	观　点	受访者人数
是	31	不是	2

表6-13　第二种通用语言（重庆大厦及周边区域）

单位：人

语　言	受访者人数	语　言	受访者人数
广东话	17	阿散蒂语	2
汉语	6	阿肯语	2
不知道	4	豪萨语	1

续表

语　言	受访者人数	语　言	受访者人数
特维语	3	约鲁巴语	1
法语	2		

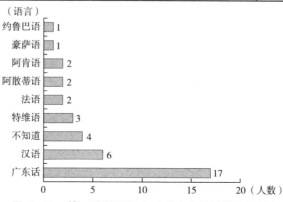

图 6-11　第二种通用语言（重庆大厦及周边区域）

165　**（11）沟通问题**

大部分受访者认为他们在不同程度上遇到过沟通的问题（见表 6-14、图 6-12）。

表 6-14　遇到沟通问题的频率（香港）

单位：人

频　率	受访者人数	频　率	受访者人数
总是	5	很少	0
经常	0	从不	7
有时	21		

166

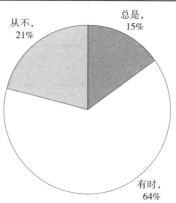

图 6-12　遇到沟通问题的频率（香港）

（12）身份的认同程度

大多数受访者在很大程度上认为自己不是当地人（见表6－15、图6－13）。

表6－15 作为香港本地人的自我认同程度

单位：人

认同程度	受访者人数	认同程度	受访者人数
很大	0	较小	3
较大	3	很小	11
中等	4	没有	12

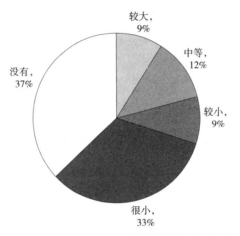

图6－13 作为香港本地人的自我认同程度

167

问卷中有一题是调查受访者是否认为他们与香港当地居民有差异以及他们认为差异程度如何。结果表明，不像在其他城市的非洲受访者，在香港的非洲人认为差异相当均匀（见表6－16、图6－14）。

（13）与香港当地社区的社会联系程度

只有少数人（33人中有7人）认为他们与当地的社区有着较大程度的联系，2人认为在很大程度上有联系。19人认为他们与当地社区较少联系（2人）或很少联系（10人）或根本不联系（7人）（见表6－17、图6－15）。这些数据证实了我的发现，在与那些表示不是很想融入当地中国社会的受访者进行谈话时，我就发现了这一点。对于香港大多数加纳人及其他非洲人而言，能够与香港人自由交流有关日常生活的话题被看成很大的进步。在香港的非洲人似乎并不是特别迫切地希望融入中国社会。

表 6−16　与香港本地人不同的认知程度

单位：人

认知程度	受访者人数	认知程度	受访者人数
很大	7	较小	5
较大	6	很小	5
中等	3	没有	7

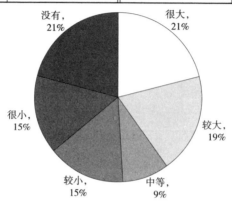

图 6−14　与香港本地人不同的认知程度

表 6−17　与香港当地社区的社会联系程度

单位：人

联系程度	受访者人数	联系程度	受访者人数
很大	2	较小	2
较大	7	很小	10
中等	5	没有	7

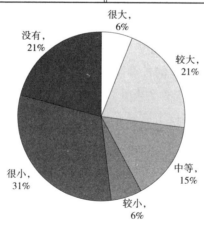

图 6−15　与香港当地社区的社会联系程度

(14) 在重庆大厦或香港的生活

通过受访者比较他们在香港的生活与在原籍国的生活, 我想找出其中的差别。大多数人认为, 他们在两地的生活在很大程度上 (33 人中有 12 人) 不同, 或在较大程度上 (9 人) 不一样 (见表 6 - 18、图 6 - 16)。

表 6 - 18 与原籍国生活的差异程度 (香港)

单位: 人

差异程度	受访者人数	差异程度	受访者人数
很大	12	较小	2
较大	9	很小	0
中等	9	没有	1

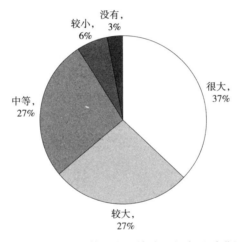

图 6 - 16 与原籍国生活的差异程度 (香港)

(15) 食品的消费

受访者的食品消费模式也是调查的内容, 以便发现是否存在着文化适应这一过程。

①对中国食品的消费

关于受访者食用中餐的经常性这一问题, 我发现确实有许多受访者食用中餐。33 人中有 17 人有时会吃中餐, 而近 30% 的人很少或从未吃过中国食品。可能是他们在香港能买到原籍国的食品, 他们当中很多人宁愿选择自己国家的食品 (见表 6 - 19、图 6 - 17)。在香港能购买到原籍国的食

170

品，这极大地影响到当地食品消费的频率，这一论点也在对重庆的非洲留学生的研究中得到证实（Bodomo，2009d）。重庆的非洲留学生中绝大多数都食用中餐主要是因为（在调查的这段时间）他们不能在宿舍里烹调非洲食品。

表 6 – 19　食用中国食品的频率（香港）

单位：人

频　率	受访者人数	频　率	受访者人数
总是	7	很少	4
经常	0	从不	5
有时	17		

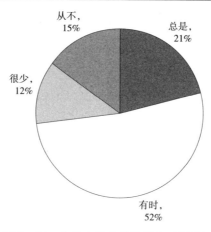

图 6 – 17　食用中国食品的频率（香港）

②对原籍国食品的消费

我询问受访者多久能吃一次原籍国的食品，结果表明，33 人中只有 10 人总能吃到加纳食品，2 人经常吃，19 人有时做加纳菜（见表 6 – 20、图 6 – 18）。只有两个人说他们很少或从未吃过加纳食品。

表 6 – 20　食用原籍国食品的频率（香港）

单位：人

频　率	受访者人数	频　率	受访者人数
总是	10	很少	1
经常	2	从不	1
有时	19		

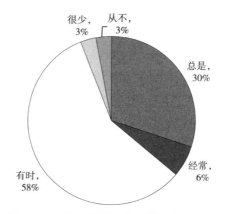

图 6-18 食用原籍国食品的频率（香港）

（16）总评

一般来说，受访者认为，重庆大厦和香港不错，尤其对于做生意的人而言。他们还认为生活在香港与生活在自己国家相比更安全，这也是很多人认为两地之间生活差异很大的地方，大多数人认为香港最适合做生意。

然而，除做生意之外，谈到与香港的中国人互动时，受访者又都有自己的判断力。香港和他们本国相比，他们看到两地人与人彼此的交往差异很大。通常，香港的中国人的人际关系似乎较少。表 6-21 包含一些受访者在调查问卷中所做的评论（在 5 年研究期间，不同时间所做的调查）。

表 6-21 附加评论（香港）

问卷数	评 论
过去的调查问卷（2005~2006 年）	
9	重庆大厦的人很守规矩。
12	重庆大厦总是很热闹。
15	人太多。
17	太多黑人，太吵了。
18	重庆大厦的生活无法忍受。从某种意义上说，香港人老是敲门打扰我们的生活。
22	这地方总是挤满了很多来自不同种族背景，有着不同信仰的人。大多数人不友善。

172

173

续表

问卷数	评　论
24	就喜欢香港这地方。
25	是，与我本国相比，我认为重庆大厦的生活更正常。
28	重庆大厦情况很差，中国人不友好。
41	如果你只是生意人，这儿生活还行。这就是我了解的重庆大厦。
45	是的，这儿安全系数很差，他们不尊重我们。

新的调查问卷（2009~2010 年）

11	我的评论是针对整个香港，香港的中国人总是努力将自己与大陆中国人区别开来，这太让我吃惊了。
25	香港的东西很不错。
29	香港人不说英语。他们应该要学好英语，更多了解外国人。
42	希望此项目能成功。
46	重庆大厦是一个充满乐趣、友谊浓厚、生意繁多的地方，还是一个能做更多研究的地方。
47	重庆大厦对生意人和旅游者来说是个好地方。
48	我想更多研究人员来重庆大厦做一些关于来自不同国家生意人特殊题材的研究。
51	我喜欢重庆大厦，从某种程度上说，这里大多数人都非常友善。

174

2. 定性数据

除了问卷调查，本研究还包括对社团的三位成员进行的深度访谈。访谈摘要如下：

（1）深度访谈 1（加纳工程师）

J 先生，一个来自加纳的 45 岁的机械工程师，在香港生活了 21 年。在香港居住 20 多年后，他觉得自己是香港本地人，而不是来自加纳的外国人。

J 先生回忆说，最初来到香港时，他面临的最大困难就是与人沟通的问题。他能讲多种语言，包括英语和他自己国家所讲的很多语言（如他的母语加蓬语，还有豪萨语、特维语和埃维语），甚至还有阿拉伯语。不幸的是，他不会说广东话，他开始接触的当地人中，大多数英语说得不是很

175

好。例如，他曾很难与学生以及他管理的工人沟通，因为他们的英语不是很流利。为了解决这个问题，J 先生决定自学广东话。他把自己听到的粤语词汇和句子标上音，向他人请教单词和句子的含义。他还买了一些粤语书来帮助自己学习。在我们采访他时，他已经可以用流利的广东话进行交流了。

学习广东话不但解决了沟通问题，而且还使他改变了很多。他说，他现在确定自己是香港本地人，不只是因为他是香港居民，更重要的是，因为他已经在心理上和文化上成为香港当地人。他现在认为，正是因为自己的亲身经历并成功转型为香港本地人，使得他再回到自己的家乡时，人们有时会认为他是个外国人。他说，在加纳，人们会说："这家伙与我们不同。他不再是加纳人了。"我的一位研究助理是土生土长的香港人，他证实了这点：如果你跟 J 先生交流一段时间，你几乎很快就会忘了他有不同的文化背景，因为他说一口流利的广东话，同时表现出一种香港本地人的心态。鉴于这一点，他结识了很多香港本地的朋友就不足为奇了。

J 先生曾经在重庆大厦拥有一家卖休闲装的商铺。加纳经销商和商人遇到麻烦就会来店里向他寻求帮助，因为他更熟悉香港。J 先生甚至有时用他自己的钱来帮助别人解决问题。两年前，当时只有大约 100 名注册会员的加纳社团认为他们应该成立一个协会，使更多的人在遇到麻烦时能找到组织得到帮助。J 先生就是该协会的组织者之一。

协会定期举行会议供人们讨论问题。过去他们开会很频繁，几乎每月一次，但在写这篇调查文章的时候，他们每年仅开四次会。有时，他们在重庆大厦附近的九龙公园碰面，会议规模较大时就在香港文化中心订间房。

协会的作用是满足其成员的需求。协会成员每月支付 50 港币的会员费。会员如果生病了，他可以从协会借钱支付医疗费。如果会员涉案，协会还会派代表跟警察协商。除了努力解决会员所面临的问题外，协会还组织了一些活动，召集在香港的加纳人聚会。例如，他们一起庆祝国庆日（3 月 6 日）。协会还安排一些休闲活动，如集体游泳和音乐聚会，但并不提倡任何诸如庆祝传统节日等文化活动。这是因为在香港的加纳人大多来自不同的民族，不同的民族有不同的文化传统，因此无法共享相同的文化传统。

J 先生认为，当时有可能成立这样一个协会的原因之一，是像他这样的会员有些已经在香港稳定下来。从某种意义上说，他们的社团在香港已经有了立足的根基。

（2）深度访谈 2（加纳美发师）

C 女士是来自加纳库马西的美发师，来香港 4 年了。除了做美发师，她也做一些生意。

C 女士在香港住了 4 年后已经很熟悉香港的生活。这也与她的职业有关，因为她是美发师，她有更多的机会与香港不同的人接触。她的大部分客户都来自非洲，但也有一些来自菲律宾和香港本地。

C 女士评论说，香港的中国人不轻易与外国人交往，甚至包括他们香港的同行。这样一来，他们更难与香港建立起密切的关系。她指出，车上的年轻人一般不会给老人让座。她说："在加纳不会发生这样的事情。"在加纳，人们通常都会给需要的人让座，比如，那些拿着很多东西的人、抱着孩子的女人以及年长的人。她还观察到香港的中国人往往把自己的社交圈仅限于熟人这样的小圈子。

C 女士说道，加纳人通常很容易接近，彼此交往也如同兄弟姐妹。例如，在加纳，她要拜访她朋友，事先不用打电话告知，可是在香港，她必须这样做。她还说了一个私人关系密切程度差异的例子。她观察到，在加纳，当大人看到年轻人抽烟时，他们可以随意擅自拿掉年轻人的香烟，因为吸烟是不健康的。但是，C 女士说，她看到香港一些十四五岁的年轻人吸烟，却没人阻止他们。这或许显示香港市民享有更多的自由，但对 C 女士而言，这也表明，在这个城市，人们不会像自己的兄弟那样对待别人。

和其他非洲人一样，香港的加纳人也不全是那些来来往往的经销商或商人，他们在香港也有一个社区。C 女士解释说，他们在香港为自己的社区成立了协会，主要是因为它可以为加纳人提供聚会的平台。当然，他们还有其他地方可以聚会，如非洲餐馆，无论是加纳的还是尼日利亚的。此外，她的加纳同行朋友在重庆大厦也开了一家店。对其他非洲社团成员而言，这可能也是一个典型的实例。总有办法让人们聚集在一起，这样才可以形成一个社区或可以自称为社区，而这些餐馆和商店就是聚会场所。

（3）深度访谈 3（平面设计师）

D 先生是加纳人，他在所属社区里将自己称为"著名篮球运动员"。

他说，他是一个平面设计师，也是画家，还是一名在香港中文大学学习人类学的留学生。来香港前，他还学习过比较神学。

D 先生热心地表达了他与当地香港人交往的感受。他讲述了他与香港人的一些经历，也谈到他对于加纳社区的看法。　178

他讲述了一件发生在公车上的事，表明香港和中国的加纳及非洲社区的人都曾有过类似的经历。D 先生和朋友一起乘旅游巴士游玩。当他们上车后，坐在他朋友旁边的女人用手捂着鼻子。这个动作对他们而言是极不尊重的，这表明他们身上有一股味道。对此，他的这位朋友打电话给警方，并要求那个女人为她的这种行为道歉。D 先生告诉我，在他的国家，人们都尊重中国人，他们不会像车上那个女人用那种行为来侮辱中国人。据他说，有时候，就因为非洲人是黑人，他们在医院得不到很好的治疗。而且，他还说，非洲人打电话报警求助时，警方往往推测是他们做了坏事。

当然，D 先生并不是说所有这些负面事件都是香港的中国人单方面的错。他相信，非洲人可能应承担更多责任。例如，他认为，加纳社区应主动向香港的中国人宣传自己的文化。他还认为，非洲人应该注册他们的社区以帮助香港的中国人提高对加纳人的认知。社区本身在对其成员照顾的方面也不够团结，更不用说开始做这样的尝试。9 个月前发生的一场悲剧表明，加纳社团的人只关心他们自己。他解释说，他们社区的一位成员因为生病没人照顾而最终死去。他曾向他人请求帮助带这个人去医院，但他们不愿意，因为他们有足球比赛。因此，D 先生的意思是，尽管加纳人已经建立了社区，还为社区设立了协会，但社区不是很起作用。他说："每个人都为了自己才来，没想过社区成员之间要团结一致。"

作为一名在香港学习的学生，而不只是为做生意才来到香港的生意人，对于香港加纳社区应该做什么，对于应该怎么把这个社区组建成一个　179
能促进彼此之间相互了解的社区，D 先生也给出了不同的观点。

四　思考和启示

1. 从一般研究到特殊研究

2000 年以来，出现了很多有关中国范围内非洲贸易社区问题的文献

（Bertoncello 和 Bredeloup，2007；Bodomo，2003，2005，2007a，2007b，2009a，2009b，2010；Bodomo 和 Ma，2010；Bodomo 和 Silva，2012；Li Zhigang 等，2009）。许多这样的论文，包括本人的著作，其内容主要集中在从总体上记录一般非洲社区的发展上。这些著作中有价值的地方是使学者开始了解并可以解答有关在中国的非洲人的一些重要问题，如他们所代表的性别和年龄、他们的国籍、来中国的原因以及他们是如何被中国政府和人民接受的。但仍有很多问题一直没有答案，或者说，至少需要更深入的答案，包括有关各种变量的详细信息，如年龄、性别和国籍。关于非洲人在中国发展的网络和社会关系需要更全面的信息，包括关于社会团体内部的相似点和差异，如不同民族的人是如何发展自己的社区，是如何与中国人就移民身份问题进行洽谈等相关的特殊信息。

我已经在本章中指出我们需要做的研究是动态研究，从有助于研究人员开始了解这一现象的一般性研究到对非洲特殊的小群体的研究，如对不同的民族、不同的贸易商群以及从事不同职业的人（如特定商品的商人、音乐家、美发师等）进行研究。

通过研究香港加纳社区，我已获得了一些思考，在此进行总结。我的研究基于以下四个方面：（1）年龄、性别及学历的详情；（2）语言问题；（3）身份和社会关系问题；（4）美食文化问题。我要了解的是，我从这些类型研究中分别得到了什么启示，我如果仅是集中对香港或中国的一般非洲社区作为整体进行研究，这些启示是不可能得到的。

在以上四个方面中，对年龄、性别和教育水平以及美食文化的调查结果似乎与我以前的研究很相似（Bodomo，2007a，b；2009a，b；2010a），这是目前为止已经将全面定量研究与某些定性访谈结合在一起的唯一研究。结果表明，在年龄、性别和教育水平方面，在对一般的非洲群体的研究和对具体加纳人的研究之间无明显差异。不考虑国籍，来中国的男性远远多于女性，占总来访人数的80%。这通常也是一个相当年轻的群体，特别是大部分在中国的非洲人年龄在25～35岁。在食品消费方面，不同民族之间的行为也没有显著的差异，大多数非洲人都喜欢他们本国的食品。虽然他们有可能尝试中国食品和其他能买到的外国食品，但他们还是想方设法烹调自己的食品，无论是在自己的家里做，还是在那些能够专门提供自己本国地方美食的餐馆做。

2. 语言模式和社交联络

在语言、身份和社会关系问题方面，对于在中国的不同非洲民族之间发生的事情可能会有更多的见解。关于非洲人在中国一般如何进行沟通以及他们所使用的语言，以前进行的定量和定性研究只给出了大概的想法。然而，通过对一个民族进行专门研究，我可以为香港的加纳社区的语言模式勾勒出一个清晰的轮廓。例如，在此基础上，我可以对他们在特定情况下选择使用的语言呈现一个更清晰的概念。特维语是香港的加纳人交流时可选择的首要语言。有趣的是，虽然特维语是加纳使用最广泛也是最重要的语言，在广州也很重要，然而在广州，首选的语言是豪萨语，这在另一项研究中可以看到（Bodomo，2010b）。当然，英语作为加纳的官方语言，继续发挥其显著的作用。

在本研究中，我有关非洲社区的最具有洞察力的重要发现是有关香港的加纳人之间的网络和社会关系。

当加纳人需要集体施压以解决他们频繁而持续面临的移民问题时，他们的关系还是非常密切的。加纳人在参加家庭和文化方面的聚会如生病、去世的时候会相互提供支持和帮助，这时他们之间保持着紧密的联系。他们参加一些庆祝活动，如订婚、婚礼、葬礼、集体祈祷、生日和"户外仪式"（加纳当地家庭亲友之间为新生儿庆祝第一次向公众露面的仪式）。加纳人也会在每年3月6日的加纳民族独立纪念日与家人和朋友一起聚会庆祝。然而，这次调研的时候这样的活动有所减少，因为一些加纳人认为，他们现在的活动由于北京使馆官员的参与而多了几分政治意味。一些加纳人认为，使馆官员正试图从幕后决定香港的加纳协会领导人人选，并以此来影响协会。虽然他们感谢使馆官员来港访问，并明确表示他们应该为解决移民问题做更多的事情，但是他们同样更希望能自己管理协会，而不希望驻北京大使馆官员过分干预此事。

除了该协会外，还有其他的社会团体网络和类似"老男孩"和"女孩俱乐部"（这是加纳名称的校友俱乐部）等社会组织以及各区域和民族的协会。只有深入在中国的非洲人的特殊民族和区域团体中调查才能使学者对这些网络和社会关系有更多的思考。要更深刻地了解中国的非洲社区，还有很长的路要走。

3. 竞争与竞赛

对定量数据的调查结果进行补充后，通过对加纳个人的采访以及对这
182 个社区的参与性观察，我有了一些有趣的新思考。这是一个涉及竞争和竞
赛的实例。对香港非洲社区的人而言，确实有一些健康的或其他方式的竞
争。各民族的团体之间的相互切磋非常频繁。如果一个民族的人发现有广
阔的商机，并开始走向成功，其他民族的人也会力争把握该商机。不同民
族的人发现他们有必要更加团结从而在商业上以及貌似不起眼的领域，如
发展强大的足球队，超越其他民族。他们应该注意的是，在中国的非洲各
民族间的足球比赛是非常激烈的。

五 结论

1. 来自具体的非洲团体的思考

根据我对香港的加纳人的调查结果，我仔细考察了加纳人对改善中加
之间的关系可能起到的作用，并建议中加两国政府双方都能采取积极的举
措以利用加纳社区的资源，特别改善中加之间的关系，以及中非之间的一
般关系。

2. 中国与加纳之间的桥梁

在第一次对广州的非洲人进行全面调查（Bodomo，2010a）时，我研
制了一个理论框架，认为中国的非洲社区在原籍国和所在国之间充当了桥
梁的作用。在第二章的调查中，我修改并扩充了数据库和理论基础以说明
183 在广州的非洲人尽管存在移民问题，且缺乏自己国家和所在国政府的帮
助，但在中国期间，他们确实在语言、文化和经济方面起到了桥梁作用。

对加纳人具体实例的研究也支持桥梁作用这一理论。香港的加纳人并
不是一开始就明确地想要采取行动，建立联络点以改善中国与加纳之间的
关系。但是，他们在中国存在的本身使中国人能通过与他们的互动来更多
地了解和熟悉加纳以及一般的非洲。已经稳定下来的加纳人对促进非洲与
中国之间关系的发展同样非常重要，因为第一次来中国的加纳人正是通过

他们才了解这个国家。这方面的信息无疑会大大影响第一次来中国的加纳人最初的认识并影响到他们与中国人的互动。

3. 需要政府的支持

由于加纳人所起的作用很大，无论是加纳政府还是中国政府都应该更多地关注社区成员，帮助他们在中国稳定下来。虽然在香港和中国大陆的加纳人以及其他非洲人不是被动、无奈地出现，但他们的确需要政府的帮助（事实上，他们中的一些人已经真正富起来并获得了成功）。中国政府的介入可以缓解移民问题以及他们遇到的官僚作风这一瓶颈问题，这对双方来说都是有利的。随着人们越来越多地关注加纳人及其他非洲人，香港特区政府以及中国大陆各城市的政府应该充分利用加纳人和非洲人的优势，提高加纳社区作为国际社区的地位。

184

第七章　非洲人在澳门

一　简介

澳门和香港一样，都是中国的特别行政区，都曾受过多年的殖民统治
（澳门受葡萄牙殖民统治，香港则受英国殖民统治），并在 1999 年回归中
国。这块有着 50 万人口的飞地位于珠江河口，珠江流经中国许多地方，最
后进入太平洋。虽然这里绝大多数的人说广东话，但行政部门的精英与政
治掮客（power brokers）仍继续使用葡萄牙语作为行政部门与其他政府机
构沟通的语言，尽管普通话在这个城市已经作为交际语言被普遍使用。实
际情况是，就算在这个城市仍有为数众多的广告招牌写的是葡萄牙语，却
很少在大街上听到人们以葡语交谈。取而代之的是，游客们在这里使用英
语和普通话与当地人沟通时将更有效。然而，葡萄牙语仍然是一种代表权
力的强势语言。顺便说一下，大部分在澳门的非洲人都是葡语系或是葡语
的使用者。

澳门的非洲人社区有别于中国其他城市的非洲人社区。首先，在中国
各城市中，这里的非洲人社区历史最为悠久且最有组织性。此外，报道中
关于其他非洲人社区存在的移民与被接纳等问题，这里却不存在。为什么
这些在澳门的非洲人那么善于组织？为什么这个强有力的组织能够比其他
地区的非洲人社区与这个区及澳门其他权力机构保持更为良好的互动？鉴
于许多在澳门的非洲人都会说葡萄牙语，那么澳门的非洲人群体之所以能
在社区发展上取得相对成功是因为语言因素吗？在澳门葡语系非洲人社区
的建立与成长过程中，语言是不是起了相当重要的作用？

在本章中，我将通过对在澳门葡语系非洲人社区进行严谨且系统的描
述来试图回答这个问题。本人的观点是，葡萄牙语在澳门的认同构成和社

185

134

区发展中扮演了一个重要角色。

二　文献回顾和理论框架

在本节中，我首先关注那些强调在促进社区认同与影响社区成员成功 186
与否的过程中语言和语言亲近性（linguistic affinity）扮演重要角色的早期
著作。在下一节，我将讨论早期关注澳门非洲人的著作。然后，在突出
"语言"作为理论框架中的一个变量并起重要作用之前，我提出我的跨文
化认同构成的理论，并将之与现存理论比较。

1. 关于语言、认同与社区形成的早期讨论著作

许多著作都认可语言在塑造社区认同过程中起了重要作用。这并不是
说语言是认同构成与社区形成的必要条件，重点是这些著作（以及多数的
专业语言学家）都指出：一个共享的语言在凝聚人心和赋予归属感上占有
很重要的分量。强调这种观点的学者有奥克斯（Ochs，1993），伯曼、沃
特罗斯－罗德里格斯以及乔克利（Bergman、Watrous－Rodriguez、Chalk-
ley，2008），还有里德（Reeder，2008）。奥克斯认为，语言习得和语言习
得者本身的社会群体密不可分。如果没有与使用一种语言的社会群体有所
接触，要像母语一样掌握和讲这门语言是十分困难的。伯曼、沃特罗斯－
罗德里格斯、乔克利和里德对美国的西班牙语使用者做过的研究指出，不
论他们的原籍国源自何处，他们因为西班牙语而有了共同纽带。这正是在
澳门葡语系非洲人社区的实际情形。里德把对在美国的西班牙语使用者的
研究重心放在工作场域。她试图探究在工作中讲一门共同语言是如何影响
社区形成与结合的。通过观察，她最后指出，尽管一些工作者否认语言是
决定他们与谁亲近的因素，但是实际情况是，他们在语言亲近性的基础上
自然而然地走到了一起。再一次提醒，当我们在本章分析非洲人社区时，
认真考虑语言因素是必须谨记于心的。实际上，确实有一位在澳门的非洲
社区领袖否认他们的社交圈只包括讲葡萄牙语的人，但真正从她的日常生
活的方方面面来看，她似乎与那些讲着共同语言的人交往更密切。

从这个讨论中我们可以注意到，在世界上许多地方的认同构成与社区
形成的过程中，语言被认为是一个关键因素。这个问题在澳门或中国其他

地区的非洲人移民社区都从未被研究过，这也是我在这一章要做的事情。然而，我仍然需要一个理论框架来支持我的观点。

2. 早期对于澳门的非洲人的研究

187　　关于非洲人在澳门或在中国诸如香港、广州等南方城市的研究中，本人在 2003 年的研究首次注意到了这一现象的存在，这促成了一批最早关注在中国的非洲人的著作的出版（Bodomo，2007a，b；2009a，b；2010a，b）。虽然这一著作第一次描述了非洲人在 21 世纪的澳门不断增加的现状，但关于在澳门非洲人的研究，已有了一个相对全面的成果（Morais，2009）。然而，该文将一大部分篇幅都放在中国人与非洲奴隶接触的历史分析上。值得注意的是，这些研究通常都强调奴隶制度与殖民主义，却对进入 21 世纪中国的非洲移民没有着墨。1997 年的亚洲金融危机与中国在 2001 年加入世界贸易组织而引起的迁徙活动，导致了被称为"非洲人最新移民社区"（Bodomo，2009a，b）的形成。此外，虽然这些研究对于检视过去很有帮助，却会让人有非洲人和外面世界的接触永远都是主人与奴隶关系的错误认知，而事实上并不总是如此。以非洲和中国的例子来看，非洲人从未拥有过中国奴隶，中国人也从未拥有过非洲奴隶。非洲人和中国人最早的接触始于明代（1368～1644 年）郑和下西洋，他在 1402 年抵达了非洲东岸，这时的非洲－中国往来是建立于平等基础之上的。这些访问涉及了大量非洲人与中国人之间的买卖，但所有客观分析都指出，这些贸易并未包含奴隶贸易。在中国有一些对"黑奴"的描述，但有一点要特别指出，所谓"黑人"并不一定指的就是非洲人，它也可能指的仅是南亚人。最近有一本专门研究近代中国的黑人的著作（Wyatt，2009），也提出了同样的观点，书中说，中国人通常称南亚人为"黑人"。因此，在近代（中国）的语境中，一个被称作"黑人"的人，并不永远代表他一定是个非洲人。

188　　因此，我的研究有别于莫雷斯（Morais，2009）所关注的。在本研究中，通过使用档案与网络信息、访谈社区的领导人，以及采用许多其他的研究方法与技巧，我将目光集中在澳门的葡语非洲人社区。

3. 认同形成与移民社区建设的跨文化理论

通过分析我们得知，先前那些巨著聚焦于研究在社区形成中的语言，尤其是研究语言对在澳门的非洲人社区形成中扮演的重要角色，现在，我要提出一个理论框架来强化关于语言在澳门非洲人社区形成过程中的角色论述。在一个由多元移民族群组成的跨文化环境中，认同形成与社区建设主要由五大因子引起与调控，它们分别是外貌、语言、音乐、食品和服装。"认同形成与社区建设"在这里指的是，在一个团体中的所有个人拥有共同的特性，然后以这些共性为基础，尝试将这些人组织在一起形成一个社区——也就是说，一个由频繁互动以促进共同利益的人们组成的凝聚式"网络"。

这个社区形成的跨文化理论认为，特定族群的一种特定变量（如外貌、语言等）的各种价值的数量与质量归于这个族群的规模以及这个族群社区的活跃程度。再次重申，这五大变量是族群成员的外貌、他们所说的民族语言、他们的传统食品与吃饭的地方、他们的传统服饰，以及他们的传统音乐（也许还能加上一些外显的文化符号）。举例来说，如果一个人 189 想了解一个非洲社区在广州（第二章）、义乌（第三章）、上海（第四章）、北京（第五章）、香港（第六章）、澳门（第七章）和中国其他城市的规模与活跃程度，他就必须去检视在这些城市中出现的非洲餐厅的数量与品质。这是博艾敦和马恩瑜（Bodomo 和 Ma，2010）所采取的立场。同样地，要想知道葡语系非洲人社区的发展状况，就必须去检视该社区的成员是如何有效地使用他们独特的葡语系非式葡萄牙语去凝聚与接触那些目标群体的。

在本章中，我在这一理论之上试图进一步证明以下假设：澳门的葡语系非洲移民社区比其他非洲人社区更加突出与活跃，因为大多数成员都能熟练使用葡萄牙语——澳门的语言权力，而其他的非洲人社区并不使用这门语言。葡萄牙语是接触澳门上层精英的有力工具，而葡语非洲人社区的成员也倾向在共同语言的基础上凝聚在一起。换句话说，在这个跨文化的澳门社会，葡萄牙语和与其相关的文化特征是葡语系非洲人社区取得成功的主要因素。当然，我并不认为这是唯一的因素。反之，这（只）是诸多因素之一。但是，为了便于分析，我着重关注这个特殊因素并用其强化我的证据与论述，以捍卫本人的理论立场。

我在这里所阐述的跨文化理论，并不是文献中唯一一个被用来分析一个团体中的成员是如何基于诸如语言等认同因素而凝聚在一起的。雷诺兹、特纳和哈斯拉姆（Reynolds、Turner 和 Haslam，2000）提出的社会认同理论认为，群体成员关系影响着人们如何看待与认同自己。这使得群体成员关系被更进一步地划分为内群体（自己人）与外群体（被疏远）的关系。引用里德（Reeder，2008）文中所言，这些作者认为，那些在内群体的人们会接收到一个积极的信息并由此认为"他们的群体成员关系是他们自我概念的一部分"（Reynolds 等，2000：64）。语言上的成员关系，或是特定语言造成的亲近感，将是划分内群体与外群体的重要因素。以澳门的葡语系非洲人来说，他们确实将那些能说一口流利葡萄牙语的人视作内群体成员，而把那些不会说葡萄牙语的人看作外群体成员，其中包含了即使同样来自非洲各地，但未受过葡语教育的非洲同胞。然后，这就产生了一个有趣的现象，葡语系非洲人会对其他讲葡语的人有更多的亲近感，不论他们是否是非洲人；对非葡语使用者则疏远冷淡，即使他们是非洲人。

三　研究方法

190　　我对于在澳门非洲人的研究始于 2009 年 6 月，终于 2010 年 6 月，历时超过一年，并且涉及几个研究方法，其中大部分是定性的，包括档案研究与网络搜寻。

1. 实地调研

在我进行实地调研之前，学界没有任何在澳门非洲人的相关研究，所以这个研究项目的前期工作就是我到澳门市中心走一趟，亲自去和非洲社区接触，以弄清他们的"庐山真面目"。为了打听非洲人在澳门的主要聚集地区，我走访了各类市场、购物中心以及热门旅游景点，与所有我和研究伙伴们能找到的非洲人交谈，最后得到了一个不断出现的名字：国际中心（Edificio Internacional）①。这是一个萧条的知名购物中心，位于澳门市中心，邻近港澳码头、中华人民共和国外交部驻澳门特别行政区特派员公署（简称"特派员公署"）。我也在那附近的皇家金堡酒店（Casa Real Ho-

---

① 该大厦是商住两用，现已萧条，环境不太好，充斥着卡拉 OK 厅与成人用品店。——译者注

tel）住了一晚，以便能在晚上通过参与观察法了解（当地）非洲人。国际中心等同于香港的重庆大厦或是广州的天秀大厦。

2. 网络调查与档案搜索

研究小组查找了各类档案、图书馆，并通过互联网收集了更多关于在澳门非洲人的信息。这种方式带来了令人惊喜的良好效果，我们看到了一个组织完善的民族团体，它的成员来自葡语系非洲国家，包括安哥拉、莫桑比克、佛得角、几内亚比绍、圣多美和普林西比。这份搜寻结果将在附录 A 以表格的形式呈现，内容包含成立时间、成员人数以及成立宗旨。

此外，为了得到在澳门非洲人的消息，研究小组还在网络上浏览了许多博客与论坛。但网上几乎没有任何相关消息，直到一位新来澳门的非洲人马西（Marcy）发了一篇冗长却有用的帖文（见附录 C）。在以下部分，我将对马西的帖子进行批判性分析，除此之外，我还将借此评估非洲人群体之间的认知。

3. 重点团体的会见与访谈

我的研究团队很幸运地在 2009 年 7 月分别获得两组杰出的葡语系非洲人社团成员的同意，得以进行全程访问，而这两组社团成员分别来自几内亚比绍与佛得角。此外，我们还采访了两位非葡语使用者，他们是来自加纳的运动员（见附录 B），这表明居住在澳门的非裔人士的职业并不仅限于学生与公务人员。

4. 参与性观察

我和我的团队曾受邀参加这些协会的年度活动：国庆节。那一天是佛得角的国庆节，佛得角的大使也来一起同乐。我也在国际中心有过多次的参与性观察，以进一步了解在澳门的非葡语系非裔人士。

四　成果：澳门葡语系非洲人社区组织

与在中国的其他非洲人社区相比，在澳门的葡语系非洲人社区历史最悠久也最有组织性。非葡语系非洲人社区相对就显得缺乏组织性并被边缘

191

化。这些观察建立了我用以说明社区形成的跨文化理论的基础，并表明了葡语系非洲人社区之所以突出与活跃是因为葡萄牙语这一因素的特殊观点。

1. 在澳门的葡语系非洲人：在中国最有组织性的非洲人社区

192　　"葡语系非洲人社区"是对五个组织良好、分别由来自葡语非洲国家人士组成的协会的统称，这些国家分别是安哥拉、莫桑比克、几内亚比绍、佛得角、圣多美和普林西比。这些社团除了彼此间互动良好外，也和其他在澳门的葡语社团多有往来。除了这些因国籍而形成的协会外，还有其他形形色色的组织，如澳门－佛得角友好协会，这个协会的会员成分多元，并不局限于非裔人士。2009 年 6 月 27 日，在澳门大学葡文系举行重点小组会谈时，研究团队访问了这些国家协会的两位执行委员，他们分别是佛得角的阿黛尔（Adele，化名）和几内亚比绍的格雷斯（Grace，化名）。我们讨论了非洲人在澳门的存在并聚焦于三大问题：（1）你是如何成为一位领导者，什么因素驱使你持续为会员服务？（2）在你看来，在促进非洲与中国关系发展的过程中，你们社区的贡献是什么？（3）你们社区现在面临的主要问题是什么？各个群体通过什么方式帮助解决这些问题？我们在这次访谈与其他实地调查中，得到了关于葡语系非洲人社区的有价值的信息。

　　这五个协会的注册会员超过 1000 人。网络搜寻发现只有 150 位莫桑比克人、60 位佛得角人以及 15 位圣多美人和普林西比人，而注册会员中没有几内亚比绍人和安哥拉人，但从和会员的谈话中，我可以客观推测，这个数字大致相去不远。然而，并不是所有来自非洲的葡语使用者都注册成为会员，所以在澳葡语系非洲人的数量可能高达 3000 人以上。我的估计是，在澳门应该还有 1000 ~ 2000 的非葡语系非洲人，他们可能常住澳门或是偶尔到访这块土地。因此，我估计在澳门的非裔人士的人数规模约在5000 人。在澳门非裔人士中的许多人也同时拥有葡萄牙国籍。

　　领导人通常经由定期选举会议产生。这一领导层包含了为数众多的女性。事实上，似乎正是这些女性领导人的有力承诺，才使得这些组织有效运转。

193　　这些协会不只团结了非裔人士，也凝聚了许多在澳门的中国人与西方人（附录 A 完整地列出了这些协会的设立宗旨）。这些葡语系非洲人协会类似澳门葡语系人士互助会的一部分，他们一口流利的葡萄牙语是其能够融入社会的关键因素。这些协会也因此对非洲 - 澳门 - 中国内地的关系起到了促进作用。不仅如此，他们还将来自世界各地诸如巴西、东帝汶和葡萄牙等地的葡语使用者联合起来。

这里的情况与广州和中国其他地区相反，这个社区的领袖并未提到他们曾遭遇任何麻烦事或是与澳门当局有过冲突与争执。事实上，这个社区的许多成员都是澳门公务员。他们受过高等教育并且是社会中坚阶层，所从事的职业包括律师、医师、记者、教师以及电视台工作人员。他们当中的许多人同时拥有葡萄牙国籍与非洲母国国籍，这使他们得以在澳门享有居留权。许多人在 1999 年葡萄牙将这块飞地归还中国以前，供职于澳门的公务部门，大部分人曾在葡萄牙或澳门求学。

2. 澳门非葡语系非洲人的无组织性与边缘化

要验证语言影响了葡语系非洲人社区的建立与其整体身份建构这一假设，最好的方法就是将他们与其他在澳门或是中国各地的非洲人社区做对比。葡语系非洲人社区已经非常成熟，但是非葡语系非洲人才正开始在澳门扎根。由于广州当局对非洲人的签证续签出台了严格措施，非洲人常被要求离开中国大陆转往诸如港、澳等地申请续签。这样一来，我们就经常可以在澳门看到非洲人。通常办理签证续签要花费几天到一星期的时间。在多数情况下，申请者会被拒签并因此滞留澳门。他们无法返回中国内地继续做他们的生意，又不愿意返回非洲的老家。非葡语系非洲人的第二种群体是学生，其中大部分是尼日利亚人（Morais，2009）。他们来到澳门求学，并寻求居留机会。在澳门的非葡语系非洲人中的第三种独特群体是运动员。

我曾在国际中心（待在该建筑中的一间旅馆里）花了一晚的时间，参与观察了这些非葡语系非洲人，发现他们正逐渐形成一个社区，这种情况正如香港的重庆大厦。在附录 B 中，我有一份人物访谈的长篇记录，那次访谈的对象是生活在中国的非葡语系非洲人群体中的一位成员，他来自加纳，是一位足球运动员。从这次的访谈中可以看到，不会讲葡萄牙语的约翰（John）有着许多沟通上的困难。他无法和他的队友交谈，

194

141

他总是孤单一人，并没有因为他对球队胜球有所贡献而受到赞赏，他甚至愤愤不平地抱怨种族歧视。他所描述的情形和具有良好组织性、与澳门上层交好的葡语系非洲人社区形成了鲜明对比。在这两种类型的非洲人社区中可以看到一个清晰的差异，其中在语言方面呈现的差异是很明显的，这很大程度上分别解释了葡语系非洲人的成功与非葡语系非洲人的失败。

195   有一个重要的问题是，这两类非洲人群体如何认知彼此？非葡语系非洲人当然希望能有和葡语系非洲人一样的地位，同时，他们当中的部分人正在努力学习这门语言与相关文化。然而，葡语系非洲人对这些新来非洲同胞的反应更引人注目。葡语系非洲人大多对于这些有着共同肤色的人来到澳门却和当局发生冲突感到很不高兴。他们建立了一个组织良好又备受尊重的社区，他们担心这样一来所有成果最终会毁于一旦。葡语使用者在澳门已经发展壮大，从事着律师、记者以及其他专业性很强的职业，他们往往看不惯他们的非洲同胞游手好闲、终日晃荡，尤其是国际中心那些非葡语系的非洲移民。我上网搜索看到了这样的反应，即发表在一个叫作"傻瓜山"（http：//blog. foolsmountain. com）的中国知名博客，我将该帖文放在附录C，以供参考。这篇帖子的作者马西似乎是一位在报社工作的记者，她明显是一位葡语使用者，也许还能以汉语进行对话与写作。她厌恶那些非洲同胞在澳门市中心繁忙的新马路上骚扰她。与来自加纳的约翰看法相反，她认为澳门并不存在种族歧视。事实上，她非常担心来自广州"巧克力城"的"不良分子"会破坏或损坏葡语系非洲人在澳门建立的正面形象。

这些关注超越了语言在社区认同建构中的角色，并且与认同形成的五大因素之一有关，即在跨文化理论中所解释的外表因素。外表在定义一个移民群体的过程中是非常重要的因素。在移民群体中，他们极力维护他们外表上的共同性，并对那些有着相同肤色或相似外表却让群体名誉蒙羞的人进行谴责与鞭挞，这种现象尤其常发生在少数族群的移民群体。比方说，广州尼日利亚社区的领导人告诉我，在中国的尼日利亚人和其他的非洲人常被赋予负面形象，而他们正在采取一些措施，以减少这些负面形象带来的影响。他告诉我，其中一个措施就是由自卫团体（自警团）侦查非洲人从事非法活动并向警方举报他们。

3. 葡萄牙语：葡语系非洲人成功的因素

毫无疑问，葡萄牙语开启了许多机会之门，它将葡语系非洲人社区中的成员凝聚到了一起，同时也加强了他们和澳门其他使用葡语的社区的联系，其中包含来自葡萄牙的外籍人士与土生澳门居民①，以及葡萄牙人和亚洲人通婚所生的后代，这种跨国婚姻通常是西方男性与亚洲女性的组合。

一直到 1999 年，葡萄牙语始终保持着其强势语言的地位，并且在许多情况下，它仍然是一门实际上的权力语言。直至 1999 年，它都还是澳门公务员考试的必修语言。因此，熟悉这门语言与相关文化能为在澳门的葡语系非洲人带来许多好处也就不足为奇了。

语言作为社区身份建构者的重要性已经超出纯粹语言学、社会文化与社会心理方面的结合——在澳门它同时是获得优势经济地位的关键。葡语不只是（澳门的）第二官方语言，也是中国 – 葡语国家经贸合作论坛（Fórum para a Cooperação Económica e Comercial entre a China e os Países de Língua Portuguesa）的基础。该论坛成立于 2003 年，由中华人民共和国商务部主办、澳门特别行政区政府承办，吸引了来自七个葡语国家主管经贸事务的部长级官员参会，这七个国家分别是安哥拉、巴西、佛得角、几内亚比绍、莫桑比克、葡萄牙和东帝汶。

论坛每三年举办一次，目的是"加强中国与葡语国家之间的经贸交流，发挥澳门联系中国与葡语国家的经贸平台作用"，② 由澳门特区行政长官和中华人民共和国商务部部长担任组委会名誉主席。

该论坛还鼓舞了其他也讲葡萄牙语的非洲人社区（以及其他葡语国家的公民）去组织他们的协会与推动自身事务的发展。举例来说，这也是像圣多美、普林西比、几内亚比绍这样的小社区也在 2005 年成立了他们的协会，以及像莫桑比克协会那样的其他协会（曾经解散或几乎解散）会在这之后重新活跃起来的原因。很明显，和澳门的葡语世界（阶层）有着语言

① 澳门居民（Macanese）不限种族与国籍，大致可分为华人原住民、华人新移民、土生葡人以及外籍人士。——译者注

② 这里未翻译原文，而是直接摘录汉语版论坛官方网站 www. forumchinaplp. org. mo，意思大致相同。——译者注

143

上的亲近，将能获得许多的有利机会。

五　讨论与总结

应用在社会文化框架下的跨文化环境中移民社区的社区认同的跨文化理论，并不认为拥有相同的外貌特征，讲着同一门语言，随着相同的音乐起舞，吃着相同的食品以及穿着相同类型的服饰的人群就一定会因此凝聚友好。相反，相同肤色且拥有共同生活特征的人们，仍然有可能是宿敌并永远无法形成一个社区。

跨文化理论试图说明的是，在一个由不同民族移民群体组成的跨文化环境中，引起与调整认同形成与社区建设的五大因素是外貌、语言、音乐、食品和服装。基于这个理论，在本章中我试图去证明以下假设：澳门的葡语系非洲移民社区比其他非洲人社区更为突出与活跃，因为它的大多数成员都能熟练使用葡萄牙语这一澳门的权力语言，而其他的非洲人社区并不使用这门语言。葡萄牙语是接触澳门上层精英的有力工具，而葡语系非洲人社区的成员也容易在这门共同语言的基础上凝聚在一起。换句话说，在这个跨文化的澳门社会，葡萄牙语和与其相关的文化特征是葡语系非洲人社区成功的主要因素。

身处澳门的葡语社区，正如身处一个连接了澳门社会的权力阶层的语言、社会文化以及经济的俱乐部。澳门的葡语系非洲人社区在社区凝聚与身份建构上之所以成功，主要归因于他们是澳门的大葡语跨文化俱乐部的一部分。语言在跨文化社区的认同建设中占有重要地位，这一点在澳门的葡语系非洲人社区的发展过程中显而易见。

第八章　非洲人在中国及其他国家

一　简介

在这一章中，我会对东亚和东南亚的非洲人及其状况进行简要梳理，以联系思考中国与其他亚洲地区的非洲人。我将首先叙述一些中国的城市，这些城市的非洲人数量随着非洲商人与非洲学生的定居正持续增长。然后我将讨论延伸到非洲人所处的其他东亚与东南亚城市诸如首尔、东京以及雅加达。我会将这些城市里非洲人的情况做一个简要描述，并将其与亚洲之外有非洲移民的地方如西方世界做比较。

二　非洲人在中国、东亚与东南亚暴增

1. 大中华其他地区的非洲人

除了在这6个城市（香港、澳门、广州、义乌、上海、北京）有大量的非洲人外，在中国的大多数省会城市和其他主要城市还有很多非洲人，包括广西南宁、云南昆明、贵州贵阳、海南海口、四川成都、湖南长沙、湖北武汉、浙江杭州、福建福州、江苏南京、河南郑州、山西太原、陕西西安、江西南昌、山东济南、河北石家庄、辽宁沈阳、吉林长春、黑龙江哈尔滨、安徽合肥、甘肃兰州、青海西宁以及两个直辖市重庆和天津。这些在中国的非洲人有的人当英语教师，有的做零售商店的老板，有的是运动员、学生和各种类型的艺术家，包括音乐家和鼓手。

除了非洲商人外，学生是一个人数快速成长的非洲人群体。由于非洲与中国往来日益增多，许多学生拿着中国政府的奖学金，带着家人的资助

及各方援助来到中国留学。目前已有一些研究对中国的非洲学生现象进行剖析，包括哈维（Hevi，1964）、沙利文（Sullivan，1994），吉莱斯皮（Gillespie，2001）以及哈希姆和杨（Hashim 和 Yang，2003）。在一系列的交谈中（如 Bodomo，2009d），我根据自己关于在重庆与武汉两座城市中大学里非洲学生的研究对这一现象做过相关报告。

在中国的台湾地区也有非洲人的踪迹，尤其是其省会台北，但他们大多都是学生或是尚未返回非洲的毕业生。在新加坡也分布有少量的非洲人，他们大部分从事零售业。然而，到目前为止，在台湾地区与新加坡都没有已知与成形的非洲人社区。大量的非洲人分布在中国大陆与东亚、东南亚的城市。在下一节中，我将从后者列举三座城市，并做叙述。

2. 在韩国的非洲人

最早关于非洲人现身于韩国的报道是，黑人仆佣陪着他们的欧洲主人乘船抵达了位于韩国的港口（Kim，2008）。虽然今日在朝鲜半岛的其他地方都可以看到非洲人的身影，但他们大部分集中在首尔，更确切地说，是在首尔郊区的梨泰院（Itaewon）。

201   2008 年 7 月，我花了两天时间参与观察在梨泰院的非洲人。许多和我交谈过的非洲人都来自西非，特别是尼日利亚。其中有相当多的人曾经在苏联和其他东欧国家留过学，然后居住在韩国至今。他们当中许多人的配偶来自俄罗斯与其他东欧国家如波兰。要估算在梨泰院的非洲人的数量并不太容易，但大多数和我交谈过的人告诉我，单单在梨泰院和首尔的非洲人就约有 1 万人，若进一步估算在韩国的非洲人，其总数大约在 2 万人。

要确定非洲人的数量太困难了。因为居住在梨泰院的不只有来自非洲大陆的非洲人。紧邻首尔郊区的一片区域有一个大型驻韩美军的基地，①这些士兵当中就有许多美国黑人——北美洲的非裔移民。基于安全考虑，我很难打入美国黑人士兵的圈子之中，也就很难对他们进行采访，但从非洲大陆来的老乡告诉我，如果将美国黑人也算进去的话，那么在梨泰院和

---

① 应该是指龙山基地（United States Army Garrison Yongsan），太平洋区美国陆军设施管理司令部（IMCOM - P）的总部所在地。基地位于首尔市龙山区，占地约 2.5 平方公里，拥有住宅区、医院、大型福利社、眷属子女学校、小型高尔夫球场等设施，生活功能完备，自成一社区。军营的东侧即梨泰院商圈。——译者注

韩国的非裔人口总数将达 3 万人以上。

这些非洲人在梨泰院做些什么？东道主韩国人是如何看待他们的，而他们反过来又怎样看待他们的东道主以及这个国家与非洲的关系？梨泰院的非洲人社区有别于其他任何一个我所研究过的东亚的非洲人社区，因为它极大程度上涉及汽车制造、维修和出口行业。韩国几个知名的成功汽车公司如现代、起亚还有大宇，都依靠密集劳动力制造汽车，因此非洲人常常受雇于这些工厂，从事低端的技术工作。

韩国车在非洲的许多地方都深受欢迎。因为非洲人对这一产业有着深入的了解，他们不仅在汽车制造厂与维修厂工作，而且他们当中的许多人开始发展汽车与汽车零件的贸易，将货物出口到非洲。在非洲见到的许多韩国车都是经由首尔梨泰院的非洲人之手出口的。 202

一般来说，当地人是如何看待在梨泰院与韩国的非洲人的？答案与接下来将提到的东京和雅加达的情形不同，正反观点的答案都有。韩国人认为，除了充满国际学生的大学校园，非洲人还为首尔这座城市带来了在这个国家其他地方见不到的国际文化。

我曾访问过的一位女士，她提到每当她想要感受美国市中心氛围的时候（她曾去过美国，并喜欢那里的都市生活），她就会来到梨泰院，不论日夜，去享受这里来自世界各地的人们，尤其是非洲的人们，所创造的国际化氛围。

然而，在许多韩国人心中，"梨泰院"作为一个整体却是令人恼火的代名词。驻韩美军一直是一个具有巨大争议性的政治议题，而对那些不喜欢在韩国看到美国士兵的人们来说，像梨泰院这种有着大量美国士兵的地方，就是发泄不满情绪的目标。这种对美国士兵的不满情绪，常会上升为对所有外国人的不满，于是在梨泰院的非洲人便这样遭受到无妄之灾。在许多其他所谓的恶行当中，他们被指控到处猎艳与进行信用卡诈骗。

反之，梨泰院的非洲人经常抱怨他们受到种族歧视，他们宣称在与韩国人的交往过程中，这种经历可以说是家常便饭，而他们必须忍受这一切。这种情况和我在前面几章所提到的中国主要城市，或是接下来要讲的非洲人在日本、印尼以及其他的东亚城市，并无二致。

然而，当非洲人被问到对这个雇用他们以及允许他们开展贸易的成功经济体的看法时，他们则对这个国家赞誉有加。在韩国、中国或甚至回到 203

非洲故乡的非洲人都会提到，在获得独立之前，大部分的非洲国家如加纳都比韩国和马来西亚等亚洲国家富有与超前。但是，几十年下来，韩国已经超越了几乎所有非洲经济体，成为一个主要的新兴经济体。非洲人认为，这种成功归因于许多因素，包括儒家文化提倡的纪律、节俭与勤劳，这些美德出现在许多非洲人常看的韩国电影之中。

3. 在日本的非洲人

截至 2007 年，在东京有记录的非洲人数大约是 2400 人（Brasor，2007），实际数字可能会更大，若算上在全日本的所有非洲人，数量将达到 5 万人以上。在日本的非洲人主要集中在东京，但他们遍及日本的主要城市，比如京都、大阪、神户和横滨，他们大多数是商人、小店主，还有学生。在东京的非洲人主要聚居于六本木（Roppongi），该地区以夜生活和娱乐业闻名，深受外国居民与游客的欢迎。据说这些非洲人大部分来自尼日利亚，尤以伊博族占大宗，这一点与广州和首尔的情形类似。

一般来说，六本木（但不是全日本）的非洲人形象被媒体塑造得相当204 负面。据报道，时任东京都知事的石原慎太郎曾在 2007 年发表过针对六本木非洲人的轻蔑言论："非洲人，我说的不是美籍非洲人，而是那些不会说英语的、谁也不知道他们在这里做些什么的人。"（Brasor，2007）。曾有来享受夜生活的游客与来访者遭受过在夜总会工作的非洲人的抢劫以及各种方式的诈骗，这是针对这类事件的部分回应。下面是一则网上讨论的摘录文字，内容是一位女士遗失包包的经历，从中可以看到一种独特的现身说法：

> 回复：在六本木的非洲酒吧被抢了，2010 年 4 月 15 日，下午 7：22，神户与京都达人①
>
> 这是真的！我劝告我所有的客人避开所有在六本木的非洲人！！他们是六本木混乱的根源，也是他们使得这里臭名昭彰……非洲人站在六本木街头的理由只有一个，他们并不是在等待从市场回家的公交。即使他们看起来很友善，他们也会想方设法让你跟着他走，

---

① 该网站是一个旅游交流网站，该留言者的网上账号名为 kobekeith，而原文中"Destination Expert for Kobe，Kyoto"指的是他熟悉何处景点的旅游，不是留言者的名字。——译者注

当你拒绝他们的邀请时，他们当中的一些人就会变得很粗鲁与暴力。我曾经目睹过好几次这样的情形，所以最好是与他们侧身而过，并对他们视而不见，就当他们不存在一样。真的只有在六本木才有这个大问题。在大阪，有一群在"美国村"（AMERIKA MURA）附近小服饰店工作的非洲人，而他们就仿佛是日本社会奉公守法的好公民。我从未被他们搭讪过，或是被强迫进入他们的商店，也没有被他们敲诈过。我并不是在暗示所有的非洲人都具有危险性，但一定要小心所有站在六本木街角的非洲人。我很惊讶，警方竟对他们束手无策。

（http：//www. tripadvisor. com/ShowTopic－g1066451－i12166－k3400477－Robbed_ in_ an_ african_ bar_ in_ Roppongi_ Minato_ Tokyo_ Tokyo_ Prefecture_ Kanto. html）

从这则网络的讨论与其他类似留言中可以明显看出，日本民众与网络社区对六本木的非洲人并没有什么好印象。当然，正如评论者在前面引文中已明确提到的，负面印象并不必然会波及日本其他地区的非洲人（评论者提醒道，据他目前所知，还没有任何关于大阪非洲人的负面报道）。

一份关于六本木与全日本的非洲人的第一手实地调查，可能会得出一个有趣的结果。虽然快速发展的中国正快速超越日本，成为非洲移民与商人移民的主要目的地，但是日本仍然是东亚一个主要经济体，而且在这里的非洲人数量，在可预期的将来，只会更多而不会更少。因此，它将有助于全面了解非洲人是如何被他们的日本东道主看待的，反过来这些非洲客人又是如何看待他们的东道主的，以及这两方面的看法可能会如何影响非洲－日本关系。

4. 在印尼的非洲人

我呈现的是在一次两天的研究旅行中搜集的材料（2010 年 10 月 21 日~23 日）。在那次旅行中，我对雅加达的非洲人进行了一次实地观察，观察地点主要是雅加达市中心的塔纳阿邦（Tana Abang）的一个大集市。

我第一次总体观察的结果是，在塔纳阿邦以及非洲人聚居的惹加克萨（Jalan Jaksa）邻近地区之外的任何地方很难发现非洲人的踪迹。我走访过雅加达最大的两个公共场所——摩纳士（Monas）以及印尼缩影公园（Mini Indonesia）。前者的全称又叫"印尼国家纪念塔"（National Monument of Indonesia），后者是度假景区，展示了印尼全岛各地的生活形态与文化。在这两个地方尽管我遇到了一位来自印尼巴布亚省（Papua）的土著黑人，但我无法在这里找到任何一位来自非洲大陆的非洲人。

206　　　因此，非洲人主要集中于塔纳阿邦的一处大型纺织品集市。我观察到不少的非洲人在集市里穿梭往来。在与其中部分人的交谈中我得知，他们来这里是为了批发纺织品，然后再带回非洲转售。我所搭上话的非洲人大部分来自非洲的伊斯兰国家。塔纳阿邦的集市与其他像广州那类的亚洲集市有一点很大的不同，就是那里卖的大多是穆斯林风格的纺织品，包含穆斯林服饰以及与伊斯兰教有关的配件，如穆斯林穿戴的白色长袍、礼拜帽以及使用的祷告器具。

即使是在穆斯林占人口多数的印尼，一些非洲人最近也开始在集市里开设商店，贩卖运动服以及和西方流行文化相关的嘻哈风格商品。这情形与香港及广州市场的非洲社区相似。

塔纳阿邦的非洲人主要来自非洲的伊斯兰国家，尤其是马里、塞内加尔、毛里塔尼亚、苏丹等国家。这些非洲人绝大多数是商人，他们在利润丰厚的贸易中获得了成功。那里大约有500名非洲人，多数是商人，其中十分之一是索马里难民（50人左右）。总体来说，我访谈过的那些非洲人提到一个数据，即每年约有3万名非洲人到访印尼，尽管很难确认其中有多少人长居于此。雅加达的非洲人并不多，但所有关于印尼非洲人的报道都集中在他们的难民身份以及其他负面的话题，如尼日利亚人是如何涉及毒品交易的，以及他们是如何欺骗人的等。这一点和东京六本木媒体对非洲人的报道如出一辙。

如果抛开"非洲悲观主义"（Afro – pessimistic）的报道而强调非洲人对发展印尼经济与其非洲本国经济的正面贡献，收获可能会更大。毕竟，统计显示有超过3000万不住在非洲的非洲人，每年向家乡寄回超过40亿美元的汇款。

三　世界各地的非洲人

在北美国家，诸如美国、加拿大及加勒比海岛国家如牙买加，还有南美洲国家如巴西，都有着为数众多的非洲人及非洲裔人士。如非裔美国人大约占美国人口的15%。在欧洲也有很多的非裔人士，尤其是在英国、法国、比利时、葡萄牙等前殖民大国；而在欧盟主要国家，诸如德国、意大利、西班牙、瑞士、奥地利、荷兰、丹麦和瑞典等国，非裔人士亦有分布。

我在此将讨论中国的非洲人与这些地方非洲人的主要区别。首先，非洲人在中国的出现（指非洲人旅行到访或定居于该国）是一个新现象。因此，非洲人在西方世界的出现相较非洲人在中国的出现有着更悠久的历史。正如在我研究过的城市中所见，在中国的非裔移民社区仍然处于社区形成的早期阶段。

第二个重要的区别在于公民身份。我提及的所有西方国家对于取得永久居留权与公民身份都有着合理而且明确的途径。但在中国，除香港、澳门与台湾地区以外（在这些地方至少可以取得永久居留权），其他地区并没有一种取得公民身份的明确途径——如果存在这一途径的话。尽管人们谈论着非裔美国人、非裔英国人、非裔法国人以及在各个国家取得公民身份的案例，但非洲人要取得中国正式公民身份仍是天方夜谭。即使对于一个和中国公民结婚的非洲人，要取得公民身份仍然缺乏一种简便或是明确的方式。

当然，还存在着相互比较的其他方面。但是，单这两点区别就足以说明中国在面对在中国的非洲人时以及明确非洲人在中国涉及的权利义务方面存在一些问题。

四　结语

除了我曾细致研究过的六处地方，非洲人在全球其他地区皆有分布。正如我对韩国、日本以及印尼三例的概述，非洲人也出现在东亚的其他地区。我尝试将在中国和亚洲的非洲人与在世界其他各地的非洲人尤其

207

是西方世界的非洲人做一个比较。在中国和东亚的非洲人，与在西方世界的非洲人有两大区别：一是西方的非洲人社区比起东亚的非洲人社区要更完善与悠久，原因是前者和非洲接触时间更早；二是相较于在中国与东亚的情形，非洲人在西方国家取得公民身份有着更清楚的途径。所有这些限制因素，对在中国的非洲人以及非洲－中国的总体关系都有影响。

208

第九章　对非洲－中国关系的影响

一　简介

我将对本书前述的六大中国城市的非洲人做进一步比较分析，以充分
了解这一现象对非洲－中国关系带来的影响。同时，我也借分析非洲人存
在于中国对当代和未来非洲－中国关系的影响来重新思考本人在第一章曾
提及的非洲－中国关系问题。

二　六大城市的调查总结与比较分析

为了总结广州、义乌、上海、北京、香港与澳门六大城市中非洲人的
主要特点，我现在将汇总所有调查结果来说明在中国的非洲人的各式人口
统计资料和社会文化特征。这里涉及了超过 700 位受访者的数据。在这些
人口统计资料与社会文化统计与特征的基础之上，我将使用一些参数来分
析、比较各地区的情况，这些参数涉及这些非洲人的人口组成、其所处城
市的国际性或其他因素、其社区中的社会文化组织以及他们所居住城市的
当局是如何与非洲社区互动等方面。

1. 在中国的非洲人的统计资料

在整理各城市的统计资料的同时，我们共得到 736 份有效问卷，尽管
我和研究团队在这个为期超过五年的研究计划中随机交流的非洲人数量应
该有 800 ~ 1000 人。

210　　　　在性别方面，如图 9 - 1 所示，我们所调查的在中国的非洲人中超过 80% 是男性。在非洲人最开始涌向中国的 1997 年到 2000 年期间，贸易人口中少见非洲女性。正如第二章提到，非洲人的家族制度有一个鲜明的社会文化特征，就是大部分家庭分工都是丈夫负责外出寻找新的经济来源。在非洲男性熟悉了中国而且安顿好之后，越来越多的非洲女性就会跟随而来，如图 9 - 1 所示，在我们所调查的人口中有近 20% 是女性。随着更多的女性来到中国经商与留学，这个数字很有可能会持续上升。在教育水平方面，多数受访者（736 人中 683 人，约占 93%）都至少完成了中学教育。在这一人群中，有 39.1% 的人完成了大学教育，还有 18.9% 的人拥有研究生学历（见图 9 - 2）。

　　　　大部分受访者（443 人）认为自己是商人（businessman）或经销商（trader）。

　　　　图 9 - 3 显示，在中国的非洲移民从事的职业中，经销商与商人远高于其他人，443 名受访者回应自己从事这两种职业。第二大群体则是学生（超过 20%）。

　　　　年龄方面，大部分在中国的非洲人（441 人）的年龄介于 25 ~ 34 岁，比例超过 60%（见图 9 - 4）。该数字表明这是一个相对年轻的群体，处于最富经济生产力的年龄段之一。

211

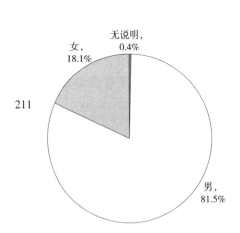

图 9 - 1　受访者的性别（中国）

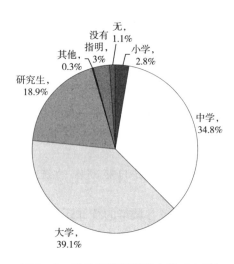

图 9 - 2　受访者的受教育水平（中国）

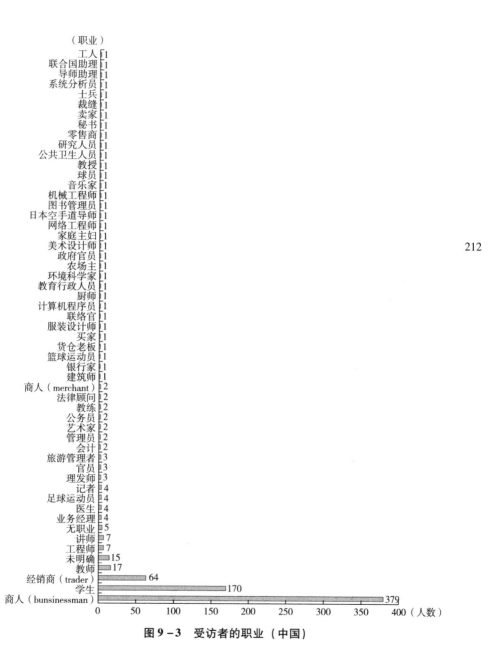

（职业）

212

图 9－3　受访者的职业（中国）

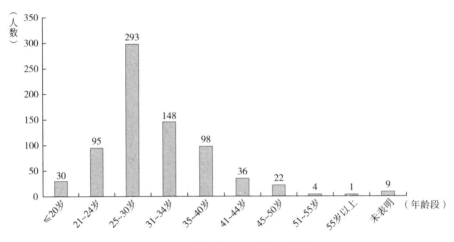

图 9-4　受访者的年龄段（中国）

我不得不频繁提起出现在我早期对中国的非洲人研究中的一个最关键的问题，即这些非洲人来自哪些国家？从图 9-5 可以看到，在我所调查的非洲人群体中，他们的原籍国前十名分别是尼日利亚，有 125 名的受访者来自该国；加纳人 87 名；马里人 51 名；几内亚人 43 名；塞内加尔人 42 名；坦桑尼亚人 36 名；刚果民主共和国人 34 名；肯尼亚人 33 名；喀麦隆人 21 名；尼日尔人 20 名。图 9-5 显示，目前在中国全境的非洲人多数来自西非，以尼日利亚人最多。

这些受访者的母语总数达 98 种。除了自己的母语外，大多数受访者（577 人）会说英语，173 名受访者会说法语（见图 9-6）。

我也试图了解为什么这些受访者会在中国。一些受访者道出了几种原因。我发现，他们当中有超过半数的人留在中国是为了做生意。其中亦有人表示他们只是"住在中国"（见图 9-7）。

我调查了受访者在中国的停留时间后发现，多数人留在那里的时间都不长。大约 32% 的受访者来到中国只停留了 1 个月或是更少的时间，而有 158 名受访者（21%）已经停留了 1~3 年，如图 9-8 所示。很少有受访者在中国停留的时间超过 3 年。产生这个结果的原因可能是相当严格的移民政策。

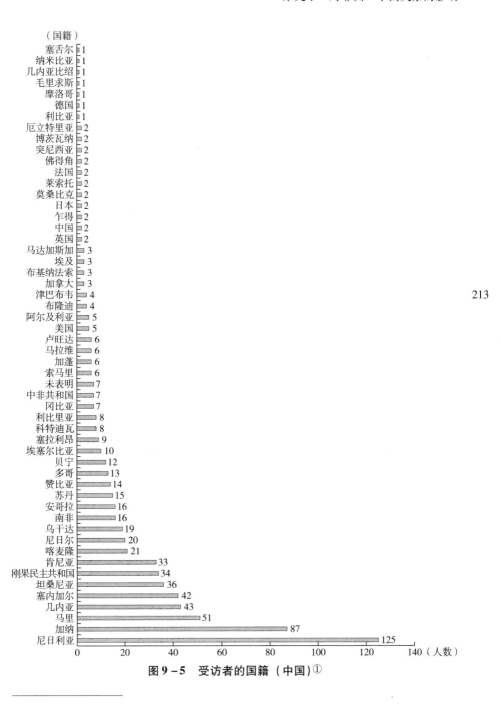

图 9 – 5　受访者的国籍（中国）①

213

---

① 原图中，贝宁出现两次，遂把两个贝宁的人数加在一起。原图中的 Mosotho（巴苏陀）直接翻译成莱索托。——译者注

157

215

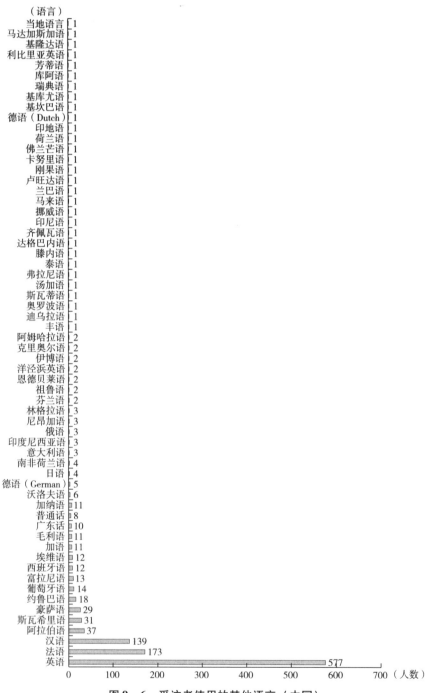

图 9-6　受访者使用的其他语言（中国）

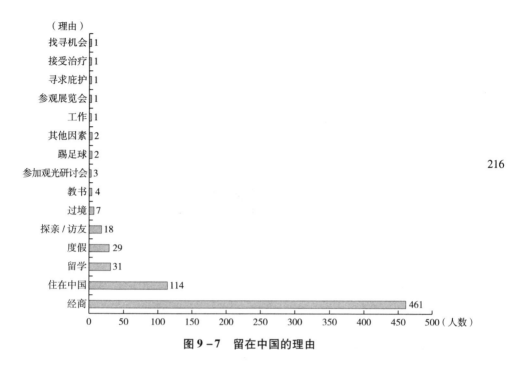

图 9－7　留在中国的理由

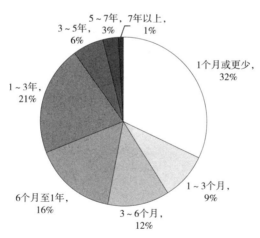

图 9－8　停留的时间（中国）

　　调查中的一个问题是关于受访者汉语的熟练程度，得到的结果是，许多受访者（占34％）完全不会说汉语，还有157名受访者（占21％）表示他们的汉语水平很差。大概只有3％的人（他们当中的21人）声称他们的汉语水平优秀，如图9－9所示。

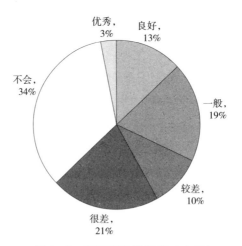

图 9 - 9　汉语的熟练程度（中国）

　　另一个问题调查了他们的英语水平。约有 254 位受访者（占 35%）声称他们的英语水平优秀，304 位受访者（占 42%）认为他们的英语水平良好（见图 9 - 10）。基于我实地调研过程中的观察与互动，我发现中国的非洲人普遍会夸大他们对前殖民地国家语言（英语和法语）的熟练程度。

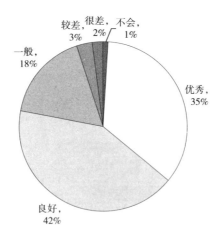

图 9 - 10　英语的熟练程度（中国）

　　我同时想知道受访者是否认为英语是他们在中国做生意时常用的通用语言，约 498 位受访者（占 68%）认为情况确实如此（见图 9 - 11）。的确，他们往往坚持要中国人学习"他们的"语言——对于那些来自英语国家的非洲人来说就是英语，而对于那些来自法语国家的非洲人来说则是法语。

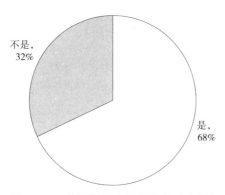

218

图 9 – 11　英语是否为通用语言（中国）

为了收集受访者的意见，我设计了一个题目：除了英语之外，什么是第二种通用/常用的语言？大部分人（314 人）认为是汉语，另有为数不少的人（205 人）认为是法语。这显然是出于一种自我偏好的选择，因为来自英语国家（如前英国殖民地）以及法语国家（如前法国和比利时殖民地）的非洲人会选择"他们的"语言，这样对他们最方便。

249 名受访者表示，他们有时候会遇到沟通上的困难，126 位受访者说这种情形经常发生，还有 104 位受访者声称，他们总是面临这样的困境。但是，有195 名受访者认为他们从未遇到过这样的困难（见图 9 – 12）。这个议题涉及了第二章曾讨论的计算器的沟通。大多数的非洲人相信，即使缺乏一种有效的通用语言，他们仍能借着计算器和他们的中国客户进行沟通，特别是在广州市场。

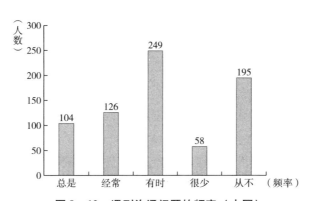

219

图 9 – 12　遇到沟通问题的频率（中国）

当问及他们是否认同自己是本地人时，他们当中的 278 人明确表示他们完全不认为自己是本地人（见图 9 – 13）。

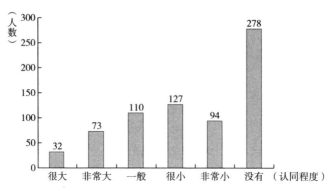

图 9 – 13　作为中国本地人的自我认同程度

另一个关于认同的问题是：他们是否认为自己和中国本地人有所差异？差异的程度怎样？255 位受访者认为他们和中国本地人有很大差异（见图 9 – 14）。

220

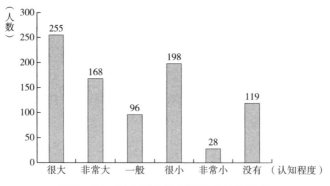

图 9 – 14　与中国本地人不同的认知程度

我也试图去了解受访者认为他们和中国本地社区的社会联系程度。156 人认为他们和中国本地社区完全没有社会联系，202 位受访者认为他们和中国本地社区很少联系（见图 9 – 15）。

在分析方面，我设计了最后一组问题，目的是调查在中国的非洲人是想要融入中国人的社区，还是更倾向于留在自己人的圈子里。这些问题的答案表明，就非洲人目前旅居在中国这一点上，他们并未试图融入中国人

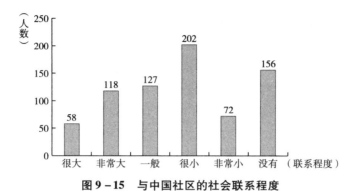

图 9 – 15　与中国社区的社会联系程度

的社区，也并未见到有人在推动明显且大规模的融入行动。如果存在这种　221
融入行动的话，也有可能是那些和中国人有联姻关系的非洲人，即使他们
自己并不积极融入中国人的社区。在我研究中所交谈过的非洲人大多喜欢
和中国人做生意，以及参与涉及非洲 – 中国双方的文化活动（如足球比
赛、祈福活动与去夜店等），但他们对于和中国人社区融合并不感兴趣。
由于非洲人甚至无法直接取得中国的公民身份，他们看来似乎不想融入中
国社会也就理所当然。他们希望自力更生，也希望在诸如集市与工作场所
等公共场所与中国人和平相处。

2. 核心研究地区的简要比较

我研究的六个主要城市，在非洲人的人口构成、他们所处城市的国际
性或其他因素、他们的社会文化组织以及他们所居住的城市当局是如何与
之互动等方面，存在着有趣的相似与相异之处。

在人口构成方面，本书研究中最后的统计资料表明，在中国的非洲人
多数来自西非。然而，就单个地区而言，西非人多数集中于广州；义乌的
非洲人中似乎有较多的北非人；澳门有着较多来自葡语系国家的非洲人；
而来自南部非洲的非洲人，尤其是非洲白人，则在香港较为活跃。北京和
上海的非洲人则是前述群体的混合。有意思的是，我的调查显示，非洲裔
的黑人教师尤其是美国籍的黑人，多以虚拟和网络形式存在于上海。

城市位置的国际性本质也对非洲社区的社会文化特征产生了一定的影
响。在广州和北京的非洲人倾向于参加更多的文化活动，包括击鼓和舞蹈
以及具有非洲音乐和舞蹈特色的夜生活。相比之下，义乌的国际性比不上

广州和北京，这里的非洲人也并不像这两座城市中心的非洲人那样热衷于参与文化活动与夜生活。当然，这样热闹的文化表演画面，不仅意味着一座城市的国际化本质，也是该城市非洲人口的群聚效应（critical mass）的展现。即使上海、香港以及从某个程度上来说的澳门都算是国际大都市，但这些城市的非洲人社区并不像在广州与北京的非洲同胞那样，拥有丰富的夜生活与文化表演。

一个比较重要的方面是个别非洲社区的社会文化组织。我在研究中发现，有着最强大社会文化组织的非洲社区是澳门的葡语系非洲社区。正如本书第七章以及博艾敦和希尔瓦（Bodomo 和 Silva，2012）合作的文章所分析的那样，这个社区非常善于组织，加之成员都操一口流利的葡语，他们和澳门其他葡语社区如巴西人和葡萄牙人社区也多有往来。

最有组织和最活跃的位于第二的非洲人群体在广州，他们之所以如此，有两个原因。第一，他们庞大的规模创造了更大的群聚效应，使得他们更容易聚集到足够多对社区活动有兴趣的人。第二，一群出自这些社区的称职领导人照顾了社区的日常所需。其中，尼日利亚社区是目前可见发展最好的。事实上，广州的尼日利亚人社区中心（见照片 9-1）正充当着许多尼日利亚人的事实上的领事馆。甚至一些其他籍贯的非洲人在和广州警方与移民当局产生争执的时候，都会前来寻求帮助。

正如第五章提到的，青年俱乐部的出现，如 YAPS[1] 和非洲联队（Afrika United）那样的足球队，显示出北京也存在初生的非洲社会文化组织。香港有着新型的非洲人社区，以重庆大厦为中心，他们有自己的领袖。但是这种社区并不像澳门或广州的社区那么突出或有组织。从社会文化方面来看，义乌和上海的非洲人社区最为松散。

这六大地区也可从地方当局与非洲人互动的情形去做比较。我已经在第三章对广州和义乌进行了详细的比较。我提到，在我研究期间，广州执法部门使用了非常严厉且苛刻的执法手段来处理非洲人的事务，而义乌地方当局则对他们管辖区的非洲人表现出更多的宽容，甚至到了将他们纳入当地政治协商小组会议的程度。在北京和上海，我没有找到任何执法部门与非洲人有过纠纷的头条新闻，即使那里有过关于歧视非洲人的报道。例

---

① Young African Professionals and Students，青年非洲专家和学生社团。——译者注

照片9-1 广州的尼日利亚社区中心

如，一位叫娄婧的女歌手曾在一场歌唱比赛中遭受辱骂，一些人甚至在网站上留言，说她一开始就不该被生出来。香港和澳门地区有着比其他四个城市更健全的法律制度，非洲人可以用一种全然不同的方式与地方当局往来。在香港和澳门的非洲人可以成为永久居民，由此为非洲人取得公民身份和拥有护照铺平道路，这样的情形在中国大陆却不存在。因此，这意味着在这两个地区的非洲人可以享有更多的权利，如有机会进入公共部门成为公务员，而这在中国大陆是不可能的。尽管如此，与地方当局尤其是执法部门的互动不时也与在中国其他地方一样并不愉快。 224

三　对非洲－中国关系的启示

历史上有三大事件塑造了非洲－中国关系。第一个事件可以追溯到15世纪，当时中国水手、舰队首领郑和因为贸易使命航行到了非洲东海岸。第二件涉及非洲和中国的重大事件（这次是在非洲－亚洲关系的更大背景下）就是万隆会议，这次会议于1955年在印尼的万隆召开，会议首次汇集了许多非洲与亚洲的新兴独立国家的领导。其目的在于组建一个联盟， 225

共同对抗殖民主义、新殖民主义和帝国主义以及促进经济发展的合作。从那时起，许多非洲国家开始与中国建立了外交关系。当时正值冷战时期，其特点是东、西方超级大国的小规模冲突不断，这些冲突体现出超级大国对发展中国家不同地区的意识形态与经济的影响。作为冷战时期参与者的中国，在 20 世纪 60 年代、70 年代和 80 年代现身于非洲大陆的舞台。实际上，中国政府开发了世界上最大的项目之一——坦赞铁路（连接坦桑尼亚的达累斯萨拉姆港与赞比亚的内陆），该项目于 1974 年竣工，前后施工仅花了 5 年时间（Monson，2009）。坦赞铁路项目是非中关系发展的一个缩影，特别是在发展援助领域方面。由于这个项目及其他项目，中国赢得了大量的政治资本和许多非洲国家领袖们的信任，从而使非洲国家在诸多场合给予中国关键性的支持，尤其是在联合国（UN）主持的投票和推荐会议上。相比 20 世纪 90 年代之后，尤其是 2000 年千禧年之交到今日重新聚焦于非洲大陆的深化路线，中国冷战时期在非洲的作为就相形见绌了。中非合作论坛（Forum on China – Africa Cooperation，FOCAC）创立于 2000年，这是我认为非中关系发展史上的第三件大事。中非合作论坛是非洲各国与中国领导人每三年举行一次的会议，轮流在非洲国家的首都与北京举行，会上就各类型的发展合作议程进行概述与评估。中非合作论坛已经分别在北京（2000）、亚的斯亚贝巴（2003）、北京（2006）、埃及的沙姆沙伊赫（2009）成功举办，2012 年的中非合作论坛在北京召开。[①] 这种合作模式已被诸如印度及土耳其等其他投资竞争对手效仿。

226

在中国的非洲人的数量是否会持续增加？这是否会对中非关系产生影响？每一位致力于在中国的非洲人议题的研究者都必须谨记这两个关键问题，而我通常以我的移民与本地人关系的桥理论来做回答（见 Bodomo，2010a 以及本书第二章）。这个议题的理论立场主要集中在社会文化范围。如前所述，有别于以往的其他论著，我自然会重新审视及利用这个理论，从回答这两个问题的角度去探索在中国的非洲人的未来。

简而言之，桥理论的内涵就是，使用三维的方法指出，任何迁徙与离散的状态至少涉及三个实体：目标社区、来源社区，以及它的移居社区

---

① 本书英语版成书于第五届 FOCAC 召开之前的 2012 年。2015 年 12 月，第六届 FOCAC 在南非比勒陀利亚召开。——译者注

（host community）。目标社区（移民）将永远作为一个连接点，事实上更是一座桥，连接着它的来源地（来源社区）与现居地（移居社区）。移民社区作为桥梁的理论，在处理关于非洲研究、亚洲研究、语言学、社会学以及社会人类学等新兴领域都是经得起考验的。所有在广州或中国的非洲人，在许多方面扮演着桥梁的角色，不论这个非洲社区整体是增大或缩小，它的成员都将在非中关系上发挥作用。显然，这个社区自身的发展与建立又取决于中国的移民政策。从我所调查的所有城市中观察到的情况来看，我可以断言，非洲社区将会继续存在，不管它是否繁荣。从现在开始，中国将永远不仅存在非洲人，还存在非洲社区。非洲人已经渗入中国所有的主要城市，这个现象可以预言，不久的将来会产生大量的非中混血儿后代，而这关乎非洲人的定居问题或（和）中国的传承问题。主要是非洲男人和中国女人的异族通婚已产生了许多后代，很多非洲人已获得香港和澳门永久居住权。如果中国大陆移民制度更加自由灵活，那么就会有更多的非洲人成为正式的中国公民，作为运动员、歌手、医生、护士和教师参与中国经济的各个领域和公共生活中。

在中国的非洲人移民社群，也将最有可能对非洲与中国之间的政治关系和散居在非洲的中国人起到越来越重要的作用。正如我们从其他欧洲或美国的移民社区（Diaspora community）所看到的，对于政治决策和外交反思性方面，在中国的非洲人将永远是一个重要因素。到访中国的非洲政治家将会越来越倚重在那个国家的非洲人，这些非洲人扮演的角色将不再只是翻译，而同时是政治顾问与经济咨询师。在中国的非洲人将开始对仍处在萌芽阶段的非洲对华政策发挥重要作用。总之，所有情况表明，在中国的非洲人注定要在非中关系上扮演一个政治桥梁的角色。值得一提的是，尽管中国已经有了一套明确的对非政策，但许多非洲国家和非洲联盟（African Union）目前仍缺乏一套明确而具体的对华政策。

在中国的非洲人已经对中国经济与回馈原籍国经济做出了突出的贡献，并且所有迹象表明这一趋势不但会延续而且会更加增强。我们已经看到，广州的非洲人经常雇用移民工人服务于他们的商铺、餐厅以及充当翻译、厨师以及管理日常业务。非洲人为中国制造品供应商建构了一个庞大市场。同时，广州的小北区和迦南外贸服装批发市场也因为非洲人的出现而蓬勃发展。这种情况也可见于中国的其他城市（如义乌、上海、北京、

227

香港与澳门）。

非洲人正开始向他们的原籍国大量汇款。虽然没有现成的数据，但非洲人每年平均向非洲的家人和商业伙伴汇款 10 万美元的消息并不少见。假设在中国的大约 50 万非洲人每年都汇出这样的数目，这将意味着他们每年平均向家乡汇了 500 亿美元。这还不包括他们在中国采购回非洲准备转卖的商品的价值总和。在中国的非洲人因此在非洲和中国之间筑起了一座坚固的经济之桥。

最重要的是，正如第二章所提及的，在中国的非洲人建构了一条强有力的文化和语言链，连接了非洲与中国。非中关系中，多数中国人感受最深的，可能是愈来愈多的非洲人开始学习汉语与熟悉这个文化，同时，当侨居中国的非洲人开始在中国扎根，愈来愈多的中国人也会开始了解非洲文化。

228

第十章　结论

总结与结论

如果你去村子里拜访朋友，朋友为你烤了一只鸡，你知道你是在吃自己家的鸡。

——达加里人/加纳北部关于互惠款待的谚语

一　我们来这里是因为他们在那里

我首先从一个在非洲流行的关于非洲和中国移民之间互惠关系的非洲谚语中开始总结。2008 年下半年，随着中国北京奥运会的临近，中国对非洲人的严格清退行动凸显出这种互惠互利的关系问题。虽然奥运会已经过去很久，但在中国移民管控仍是非洲人关注的重点，这种管控在中国举行重大活动时，甚至在任何时候都可能发生。

从 2008 年 8 月到北京奥运会开幕前的一段时间里，中国大多数城市的非洲移民都面临着来自中国移民官员的巨大压力，包括边境警卫、海关官员和警察。这是中国对外国人普遍采取的政策导致的结果。因为在中国，举办如此重要的全球性活动时，中国当局非常清楚地意识到，没有可能为所有外国人提供最大的安全保障，所以在这期间清退了一些外国人。然而，尽管大多数外国人受到了较小的影响，但非洲人认为他们受到的影响比大多数外国人要大，因为作为一个比其他大多数外国人都更明显的少数民族，他们遇到了各种搜查。

在餐馆、商店和非洲人家中，非洲人对巡逻警察和大多数保安人员表

169

230　达出不满情绪，双方经常相互激烈争论，这种情况我并没有少遇到过。非洲人认为，在非洲的中国人不仅要比在中国的非洲人更多，而且这些在非洲的中国人在非洲平等自由地生活，受到了很好的待遇。因此，他们不明白为什么他们总是被挑选出来，不断地遇到骚扰，在边境检查站被大量挑选出来接受海关官员的额外检查，而且经常被要求出示身份证件，即便他们只是在当地的一家非洲餐馆吃饭。

在非洲土著语言里，有许多关于访问和旅行互惠的传说和谚语。这些谚语概括了一种普遍的观点，即如果一个人访问一个村庄或国家，就应该期待有被访者的回访。而且，如果一个人在拜访时得到了最好的待遇，那么他就应该准备对款待他的客人提供同等待遇。事实上，正如在本章的开始，就像在加纳北部的达加里人的谚语所说的那样，如果一个人去村子里拜访朋友，朋友为他烤了一只鸡，这个人会期待在他的朋友回访他时，同样烤一只鸡款待朋友。在中国，似乎没有人为非洲人烤鸡吃。

我听到过许多类似的谚语，这些谚语被用到了在中国各地的非洲社区激烈的讨论之中。本节的标题"我们来这里是因为他们在那里"，就是受到了这些谚语的启发。这个标题可以再次提醒人们关注从非洲到中国的移民以及从中国到非洲的移民，并强调所有人——非洲人和中国人——在非洲-中国关系健康发展的前提下，应该管理好这些移民社群，使他们的未来更加幸福，正如我们在第九章中所讨论的那样。

二　重新审视主要研究问题

在写这本书时我提到的最重要的问题是：在中国的非洲人应该是什么样的非洲人？因此，所有的问题，不论是假设还是研究的问题，都是针对解决这一主要问题而提出的，其目的是了解在中国的非洲人的日常生活情况。一般来说，我旨在描述和分析21世纪非洲人迁移中国的情况以及在亚洲的非洲社区和移民社群的形成过程。为了解决这一主要问题，这项研究
231　提出了若干针对性的问题：为什么大批非洲人开始来到中国——一种在21世纪全球化时代之前从未有过的情况？中国有多少非洲人？他们大多数都在中国的什么地方，他们在那里做什么？他们之间是如何沟通的？他们与东道主包括中国人和中国政府是如何交往的？最后，在中国的非洲移民社

群的经验与其他非洲移民的经验有何不同，如在亚洲和西方其他地区的非洲移民社群相比？这项研究还推测了非洲人在中国的未来，问及未来非洲人在中国是否将继续增多，这将对非洲和中国的关系产生怎样的影响等问题。

那么，为什么会有更多的非洲人在千禧年之后来到中国，到底又有多少非洲人呢？非洲人正在中国寻找商机。从广州和义乌的市场可以看出，非洲人正在与中国人做生意，购买制成品，然后把它们运回非洲，以此牟利。此外，可以在重庆和武汉的大学校园里看到，非洲人在中国寻找受教育的机会，他们用政府奖学金或自己出资来华学习。如本书中描述的那样，还有很多其他原因说明了为什么非洲人要来中国。正如在第一章所讨论的那样，他们的总人数在 2012 年达到 40 万~50 万人。

这些非洲人主要来自哪些非洲国家，他们在中国的分布情况怎样？在本书描述中，几乎有 55 个非洲国家（地区）都有代表来到了中国，在中国的非洲人数量排名前 10 位的非洲国家，如在第九章中描述的那样，是尼日利亚、加纳、马里、几内亚、塞内加尔、坦桑尼亚、刚果民主共和国、肯尼亚、喀麦隆和尼日尔。一般来说，广东省有更多的西非人，义乌有更多的北非人。上海似乎有更多的黑人英语教师，他们大部分来自北美洲。在北京和香港的非洲人分布似乎更均匀。最后，澳门比中国任何其他城市有更多的葡语非洲人。

这些非洲人相互之间是如何沟通的，他们与东道主中国人互动的情况如何？非洲人继续用他们的非洲语言进行交流，用非洲的主要混合语。事实上，非洲人在中国使用的语言排名前十的是法语、伊博语、英语、斯瓦希里语、豪萨语、特维语、阿拉伯语、班巴拉语、曼丁哥语和约鲁巴语。法语和英语名列前茅是因为在中国的许多非洲人认为法语或英语是他们的母语。对于来自法国前殖民地的非洲人来说，情况尤其如此。当他们和我的中国助手交谈时，他们坚持说法语是他们的母语，但当我作为非洲人和他们交谈时，他们改变了答案。这些都是有趣的案例，说明了在中国的非洲人的状况。非洲人在中国不断地将自己的身份进行包装、拆包，再重新包装。非洲人也以不同的方式与中国人交流，包括使用一种独特的方法，我称之为"计算器沟通法"，我在第二章中对此做了详细的描述。这种策略以前没有记录过。虽然非洲商人在迅速地学习汉语，中国商人在迅速地

232

学习非洲英语和非洲法语以及通用的非洲沟通习惯，但是，在中国的广州、义乌和其他地方，对话者之间只要缺乏有效的通用混合语时，他们就求助于计算器、基本手势以及用汉语、英语和法语的短语进行讨价还价。

非洲人如何与政府国家机关接触，特别是如何与移民局官员和公安人员接触？总体来说，在中国的非洲人不信任执法人员，特别是警察和移民局的官员，这些官员常去骚扰他们。虽然这些官员在与非洲人来往方面经常表现得很专业，但在我实地考察以表明警察对在中国的非洲移民的歧视和不尊重的过程中也听到了来自非洲的许多报道。我问一个非洲人，他每天在中国准备这样的"警察会面"是什么情况。他回答说：

> 你想知道我在中国的生活是怎样的？每天，我离开家去市场、工厂，甚至去吃饭……来这里吃饭……非洲这家餐厅的饭菜之前，我花了大约十分钟来收集所有的文件，以证明我合法居住在中国；我离开我的房子……我的酒店不能不带上我的护照、房间的钥匙以及任何证明我是合法居住在中国的物品。我在过去的 3 年里在中国的出入一直都这样做。

233

虽然这可能不是非洲人在中国与非洲人在世界其他地区包括欧洲和北美洲每天要做的，相对来说这是一个独特的案例，但是一个主要的区别在于，对于在那些西方国家具有合法居民身份的非洲人而言，存在着一种获得公民权的更为清晰的路径，而对于在中国的非洲人却没有这样轻松的路径。然而在效果上，例如，在写这本书的时候，尽管人们有可能成为一个非裔美国人或非裔欧洲人，但是在中国（除香港和澳门）不可能成为一位合法的具有中国护照和享有公民权利的非裔中国人。事实上，中国政府和媒体似乎非常谨慎地使用术语来描述外国人在中国的移民，同时很少使用非洲移民的术语，而选择非洲商人、非洲学生、非洲的旅行者，或直接使用"来自非洲的外国客人"或"外国的（朋友）"这些词组和术语。

面对所有这些问题，提出非裔或非洲群体能否作为一个整体在中国可持续发展的问题，是合情合理的。非洲人在中国的未来是什么？将来会有学者来分析非洲移民的问题吗？

三 展望未来: 非洲人将继续在中国吗?
对于在中国的非洲人的研究会如何继续下去?

非洲人生活在可预见的中国的未来会是怎样的, 对于这个社区的研究会怎样继续下去?

在展望未来之前, 让我考虑一下研究人员会继续研究在中国的非洲人的方式和途径。鉴于所涵盖的范围之广, 这本书显然不能涵盖所有这些问题。对于在中国的非洲人的研究领域之一就是仔细观察非洲人的不同群体: 商人、学生、教师和其他专业人士, 如音乐家、艺术家和雕刻工匠、足球运动员和许多其他的社会职业群体, 了解他们在中国的生活状况。在这本书中, 我接触了其中的大多数群体, 特别是商人和学生, 但应该针对每个专业群体进行研究并形成专著。 234

另一个研究途径可能是扩大研究的地理范围。在这本书中, 我主要集中于六个城市, 主要是国际化都市, 虽然我已经简要地探讨了在重庆和武汉的大学校园里的非洲人的情况, 这有可能形成一种专门关注中国其他城市校园的非洲人的研究模式。为了寻求更多的机会, 非洲人开始出现在市镇和村庄之中。跟随他们, 看看这些少数非洲人居住在这些较小的乡村地区是如何生活的也很有趣。

但是, 回到最后几段中提到的未来几年中要适当考虑的问题时, 我可能会再次问道, 非洲人在可预见的将来会过着怎样的生活? 我在这项研究中得出的结论是, 中国仍将在很长一段时间里成为非洲全球化经历的一个重要组成部分。随着中国在世界政治、经济以及文化的影响力越来越大, 从世界各地移民到中国的人将越来越多, 尤其是来自非洲的移民。在未来的研究中, 学者们必须开始重视这些问题和其他相关的问题。中国人移民到非洲, 相应地, 非洲人移民到中国。非洲人来中国是因为中国人到了非洲。我在这本书中提出的研究结果表明, 尽管中国可能注定要影响世界 235 各国移民包括非洲移民, 同样注定要影响中国的政治、经济、社会、文化和语言, 因此也会产生一种全球性的影响。

附录 A　葡语非洲人社区协会概览

协 会	莫桑比克
成立日期	1992 年 11 月 16 日
该社区的估计人数	150 人
协会宗旨（组织章程）	无官方网站，查无资料
协会的常态活动	<ul><li>非洲日</li><li>足球比赛</li><li>葡韵嘉年华（Festa da Lusofonia）。该活动由澳门政府主办，并给予每一个来自葡语国家的协会许多赞助</li><li>独立日派对</li><li>文化周</li><li>艺术展</li><li>捐款</li></ul>

237

协 会	佛得角
成立日期	1999 年 4 月 9 日
该社区的估计人数	60 人
协会宗旨（组织章程）	澳门－佛得角友好协会（AAMCV，Associação de Amizade Macau—Cabo Verde）的宗旨如下： a. 通过接触和卓有成效的交流，与佛得角当局合作，促进业务与创造商机； b. 促进佛得角、中华人民共和国、其他国家与葡语国家协会的合作与文化交流，以及推动专业人员、商业、体育的往来； c. 维护与提升在澳门佛得角社区成员的利益； d. 协同本地与佛得角当局，扮演可以作为制度化代言人与对话者的社会与商业伙伴角色，一起为影响社区成员的具体问题寻求解决办法；

协　会	佛得角
协会宗旨（组织章程）	e. 协同澳门的教育单位，尤其是特殊教育的部门，一起促进在澳门佛得角社区成员的团结； f. 通过佛得角协会向大众提供社会工作，以推动澳门与佛得角其他机构的往来与合作关系； g. 推动筹款活动，以帮助那些在学费上有困难的澳门与佛得角学生； h. 采取任何能促进上述所提目标之适当措施并开展该方面的合作。 协会预计开展的活动，不得以任何具有商业性质的方式进行。
协会的常态活动	● 非洲日 ● 足球比赛 ● 葡韵嘉年华 ● 独立日派对 ● 文化周 ● 艺术展 ● 捐款

238

协　会	安哥拉
成立日期	2005 年 4 月 19 日
该社区的估计人数	100 人
协会宗旨（组织章程）	安哥拉协会（Angola Association，ANAA）致力于传播和开展休闲、文化、体育、娱乐活动，促进信息沟通，并在安哥拉开展交流活动及采取适当措施，以促进上述目标完成。
协会的常态活动	● 非洲日 ● 足球比赛 ● 葡韵嘉年华 ● 独立日派对 ● 文化周 ● 艺术展 ● 捐款

协　会	几内亚比绍
成立日期	2005 年 11 月 29 日
该社区的估计人数	30 人

239

续表

协　会	几内亚比绍
协会宗旨（组织章程）	本协会致力于： a. 帮助所有几内亚比绍人，尤其是学生，以提升他们在特别行政区的福祉； b. 推进几内亚比绍与澳门的协会（机构）的往来与合作关系； c. 担任制度化的社会伙伴与对话者角色，与几内亚比绍有关当局一同寻求解决方案； d. 推广与传播几内亚比绍文化； e. 和居住在澳门的其他社区，尤其是葡语国家社区进行合作及交流。
协会的常态活动	• 非洲日 • 足球比赛 • 葡韵嘉年华 • 独立日派对 • 文化周 • 艺术展 • 捐款

协　会	圣多美和普林西比
成立日期	2008 年 8 月 8 日
该社区的估计人数	15 人（包含在澳门大学就读的学生）
协会宗旨（组织章程）	本协会致力于： a. 维护与提升圣多美和普林西比社区的利益； b. 促进圣多美和普林西比与中国的合作、文化交流，以及专业人员、商业、体育的往来，并为澳门的可持续发展做贡献。
协会的常态活动	• 非洲日 • 足球比赛 • 葡韵嘉年华 • 独立日派对 • 文化周 • 艺术展 • 捐款

240

附录 B 作者的实地调查日志：
澳门，2010 年 7 月 5 日

非洲人在澳门——对两位加纳人的访谈

昨天我受邀参加了佛得角独立 34 周年的庆祝晚宴。佛得角的独立在非洲独立史上是一个意义非凡的事件——已故的阿米尔卡·卡布拉尔（Amilcar Cabral）领导了佛得角独立运动，该国于 1975 年取得独立。 241

在八点的晚宴开始之前，晓霖（Hui Lam，我的研究助理）和我访谈了两位在澳门的加纳人——约翰（John）与杰伊（Jay，姓氏隐去）。他们说他们是已知目前居住在澳门的仅有的两个加纳人。

约翰来自库马西（Kumasi）附近的埃吉苏（Ejisu），以前是加纳移民官，同时也是业余/职业的足球员——他说曾效力于加纳一支叫博弗瓦夸（Bofoakwa）的甲组足球队。

此后，他得到了一个"机会"来到香港，但在香港待了三年之后，他似乎没有得到很好的发展，因此他转移阵地，去了许多亚洲国家的首都，其间还在曼谷踢了一阵子足球。在一次返回香港的旅途中过境澳门，因为当局对加纳护照持有者施行了签证限令，他因此滞留在澳门。到目前为止，他已经在澳门生活快两年了，先后效力于澳门足球总会（www.macaufa.com）的两支甲组足球队（蒙地卡罗队与蓝白联队）。两支球队均成为澳门足球联赛的劲旅。

另外一位加纳人杰伊并没有透露太多关于他的经历。他说他也曾经是一位足球运动员，但因为受伤已经退役。他和约翰一样在香港与澳门待了一段很长的时间（合计 8 年）。

这两位年轻人在香港、澳门与中国其他地区都曾有过糟糕甚至是非常艰辛的经历。约翰表示，中国人的种族主义和歧视非常严重：他们曾劝阻他们的女性亲友和他继续交往，他所效力的球队从来未曾感谢他为球队做的贡献——当球队输球了，他总是被责备，而当球队因为他的贡献赢球时，却没有一个人认可他的努力。

他与教练和队友总是存在着沟通困难。他甚至不曾和他们一同在更衣室淋浴过。

242 当问及他将来在澳门的打算时，他说他最终希望回到加纳。当知道在加纳与非洲有许多中国人时，他非常不高兴，他声称："如果我回到加纳后，能再次成为一位移民官，我绝对不会允许任何一个中国人入境加纳。"

附录 C　网络搜寻结果实例：马西的帖文

帖文时间：2009 年 2 月 16 日，上午 10：59

　　我是一个在澳门居住了四年半的非洲人。我现在在一家当地的报社工作。我喜欢阅读这篇文章，我认为中国不太存在种族主义。至少，在中国文化中渐渐没有反映出对其他文化的歧视，有的只是好奇……在澳门，澳门人说他们的思维有别于内地人，因为这座城市有显而易见的西方文化，他们随时处于一种文化适应的过程。但是，最近新闻中的澳门黑人就不是那么好了。现在人们有的不只是好奇，还掺杂着其他的情绪，那种情绪我不能说是百分之百的种族主义，但是是一种超过百分之八十的恐惧。由于中国政府在北京奥运期间限制了签证的核发，许多定居在内地的非洲人前仆后继地来到澳门以取得签证。他们当中的大多数人带来了毒品并非法滞留在澳门，直到他们能够返回中国内地。澳门政府对非法移民与毒品贩子严阵以待。所有在澳门的非洲人（我在这指的是原就居住于此的非洲人）目前正面临一个处境，那就是感受到被人们视为那些来自"巧克力城"非洲人的同伙。事实上，我们知道"好事不出门，坏事行千里"，因此所有人都被归类为"坏人"。

　　有一件事常常发生在我身上，那就是当我走在"新马路"（Sam Ma Lou，澳门的一个观光广场）时，就会有很多黑人开始跟着我，而我认为就是因为我也是黑人的缘故。我不喜欢这样……并且事实上，我开始问："为什么你们要跟着我？？"他们靠近我同时大喊："嘿，姐妹！"（HEY SISTER）有时也用法语（HEY SOEUR）叫我。然后，我只好快步走人。如果我停下来了，也确实有过一次，他们就开始问我在澳门做些什么，我是已婚还是单身，还有所有我不会回答陌生人的私人问题……我实在无法理解。

　　特别要提的是，我从来不觉得澳门人歧视我（他们很友善），但我有

244 一次被特派员公署警察歧视的经历，他们认为我是某种类型的毒品贩子或是在此周围准备攻击他人的投机分子。我今日想起来只能一笑了之。

我从没去过广州，但我正计划 3 月 1 日去一趟。

谢谢。

（2010 年 3 月 9 日浏览，网址 http：//blog. foolsmountain. com/2008/06/14/chocolate – city – africans – seek – their – dreams – in – china/。）

参考文献

Bergman, M. E. , Watrous‐Rodriguez, K. M. , & Chalkley, K. M. (2008). Identity and language: Contributions and consequences of speaking Spanish in the workplace. *Hispanic Journal of Behavioural Science*, 30 (1), 40 – 68. 245

Bertoncello, Brigitte, & Bredeloup, Sylvie. (2007). The emergence of new African "trading posts" in Hong Kong and Guangzhou. *China Perspectives*, 1, 94 – 105.

Bodomo, A. B. (2003). Introducing an African community inAsia: Hong Kong's Chungking Mansions. A squib to the International Scientific Research Network: The African Diaspora in Asia (TADIA), June 9, 2003.

Bodomo, A. B. (2005). Some cultural and linguistic parallels between Africa and China: The case of some West African and some southern Chinese. Unpublished paper, University of HongKong.

Bodomo, A. B. (2007a, May). *The emergence of African communities in Hong Kong and mainland China*. Paper presented at the Africa Table, Stanford University African Studies Center, Stanford, CA.

Bodomo, A. B. (2007b). An emerging African – Chinese community in Hong Kong: The case of Tsim Sha Tsui's Chungking Mansions. In Kwesi Kwaa Prah (Ed.), *Afro – Chinese relations: Past, present and future* (pp. 367 – 389). Cape Town, South Africa: The Centre for Advanced Studies in African Societies.

Bodomo, A. B. (2009a). Africa – China relations in an era of globalization: The role of African trading communities in China (《全球化时代的中非关系：非洲在华贸易团体的角色》). *West Asia and Africa* (《西亚非洲》), 8, 62 – 67.

Bodomo, A. (2009b, January). The African presence in contemporary China. *China Monitor*, University of Stellenbosch, South Africa. Retrieved December 20, 2011, from http://www. ccs. org. za/ downloads/CCS% 20Monitors_ January% 202009/China_ Monitor_

非洲人在中国：社会文化研究及其对非洲 中国关系的影响

Issue% 20_ 36_ January_ 2009. pdf.

Bodomo, A. B. （2009c）. *Computer – mediated communication for linguistics and literacy: Technology and natural language education.* Hershey, PA: IGI Global.

Bodomo, A. B. （2009d, October）. *Fresh faces for future Africa – China relations: Anoteon the experiences of newly – arrived African students in China on FOCAC funds.* Paper presented at the Symposium on Reviews and Perspectives of Afro – Chinese Relations, organized by the Institute of African and West Asian Studies/Chinese Academy of Social Sciences, Beijing, China.

Bodomo, A. B. （2010a）. The African trading community in Guangzhou: An emerging bridge for Africa – China relations. *China Quarterly*, 203, 693 – 707.

Bodomo, A. B. （2010b, November）. *Ghanaian communities in Hong Kong and Guangzhou.* Paper presented at the 53rd annual African Studies Association （ASA） meeting in San Francisco, CA.

Bodomo, A. B. , & Ma, G. （2010）. Africans in Yiwu, China's largest commodities city. *Pambazuka.* www. pambazuka. org.

Bodomo, A. , & Silva, R. 2012. Language matters: The role of linguistic identity in the growth of the Lusophone African community in Macau. *African Studies* 71, No. 1.

Brasor, Philip. （2007）. "Africans in Japan" …not from the quill of Ishi hara, thank God. *Japan Times.* Retrieved January 29, 2011, from http: // search. japantimes. co. jp/cgi – bin/fd20070218pb. html.

Brautigam, D. （2003）. Close encounters: Chinese business networks as industrial catalysts in sub – Saharan Africa. *African Affairs*, 102 （408）, 447 – 467.

Brautigam, D. （2011）. Aid "with Chinese characteristics": Chinese foreign aid and development finance meet the OECD – DAC aid regime. *Journal of International Development*, 23 （5）, 752 – 764.

Brautigam, D. , & Tang, X. Y. （2011）. African Shenzhen: China's special economic zones in Africa. *Journal of Modern African Studies*, 49 （1）, 27 – 54.

Cooper, John. （2003）. The meaning and significance of greater China. In Gary Rawnsley & Ming – Yeh T. Rawnsley （Eds. ）, *Political communications in greater China: The construction and reflection of identity* （pp. 10 – 37）. London: Routledge.

Gillespie, Sandra. （2001）. *South – South transfer: A study of Sino – African exchanges.* New York: Routledge.

Gumperz, John J. （1962）. "Types of Linguistic Communities. " *Anthropological Linguistics*, 4 （1）, 28 – 40.

Hashim, I. H. , & Z. L. Yang. (2003). Cultural and gender differences in perceiving stressors: A cross - cultural investigation of African and Western students in Chinese colleges. *Stress and Health*, 19 (4), 217 - 225.

He Wenping (贺文萍). (2009). Sino - African relation: Facts and distortions (《中非合作互利共赢的实证分析》). *Asia & Africa Review* (《亚非纵横》), 6, 48 - 55, 63.

He Wenping (贺文萍). (2010). How far can China go in Africa (《中国在非洲还能走多远》). *People's Tribune* (人民论坛), 22, 38 - 40.

Hevi, Emmanuel. (1964). *An African student in China*. London: Pall Mall Press.

Hillery, George A. (1955). Definitions of community: Areas of agree ment. *Rural Sociology*, 20 (4), 111.

Holslag, J. (2011). China and the coups: Coping with political instability in Africa. *African Affairs*, 110 (440), 367 - 386.

Hymes, Dell. (1972). Models of the interaction of language and social life. In J. Gumperz & D. Hymes (Eds.), *Directions in sociolinguistics: The ethnography of communication* (pp. 35 - 71). Oxford: Blackwell. (Revised from 1967 paper).

Kim Bok - Rae. (2008). African presence in Korea. In Kiran Kamal Prasad & Jean - Pierre Angenot (Eds.), *TADIA: The African Diaspora in Asia, explorations on a less known fact*: Bangalore: Jana Jagrati Prakashana.

Labov, William. (1972). *Sociolinguistic patterns*. Philadelphia: University of Pennsylvania Press.

LeBail, H. (2009). Foreign migrations to China's city - markets: The case of African merchants. *Asie Visions*, 19, 1 - 22.

Li Anshan. (2005). African studies in China in the twentieth century: A historiographical survey. *African Studies Review*, 48 (1), 59 - 87.

Li Pengtao (李鹏涛). (2010). The development of Sino - African relations and new Chinese migrants in Africa (《中非关系的发展与非洲中国新移民》). *Overseas Chinese History Studies* (《华侨华人历史研究》), 4, 26 - 32.

Li Weijian, Zhang Zhongxiang, Zhang Chun, & Zhu Ming (李伟建；张忠祥；张春；祝明). (2010). Towards a new decade: A study onthe sustainability of FOCAC (《迈向新的十年：中非合作论坛可持续发展研究》). *West Asia and Africa* (《西亚非洲》), 9, 7 - 12, 81.

Li, Zhigang, Laurence Ma, & Desheng Xue. 2009. An African enclave in China: The making of a new transnational urban space. *Eurasian Geography and Economics*, 50 (6), 699 - 719.

247

248

183

Liu Hongwu（刘鸿武）. （2008）. On the experience of accumulation and the oretical response of the thirty years China – African relations（《论中非关系三十年的经验累积与理论回应》）. *West Asia and Africa*（《西亚非洲》）, 11, 15 – 20, 81.

Meng Deli, & Nie Dianzhong（蒙德利，聂佃忠）. （2011）. Sino – Africa relations and the challenges under the new situation（《新形势下的中非关系及其挑战》）. *Special Zone Economy*（《特区经济》）, 5, 94 – 95.

Michel, Serge, & Beuret, Michel. （2009）. *China safari：On the trail of Beijing's expansion in Africa*. New York：Nation Books.

Mitton, Todd. （2002）. A cross – firm analysis of the impact of corporate governance on the Asian financial crisis. *Journal of Financial Economics*, 64（2）, 215 – 241.

Monson, A. B. （2009）. *Africa's Freedom Railway：How a Chinese Project Changed Lives and Livelihoods in Tanzania*. Bloomington：Indiana University Press.

Morais, I. （2009）. "China wahala"：The tribulations of Nigerian "Bush – fallers" in a Chinese territory. *Journal of Global Cultural Studies*, 5. Retrieved May 24, 2010, from Transtext(e)s Transcultures database 跨文本跨文化, available from the Revues website, http：//transtexts. revues. org/index281. html

Ochs, E. （1993）. Constructing social identity：A language socialization perspective. *Research on Language and Social Interaction*, 26（3）, 287 – 306.

Park, Yoon. （2009）. *A matter of honour：Being Chinese in South Africa*. Lanham, MD：Lexington Books.

Patrick, L. Peter. （1999）. The speech community. Retrieved July 13, 2010, from http：courses. essex. ac. uk/lg/lg232/SpeechComDefs. html.

Prasad, Kiran Kamal, & Angenot, Jean – Pierre（Eds. ）. （2008）. *TADIA：The African Diaspora in Asia, explorations on a less known fact*. Bangalore：Jana Jagrati Prakashana.

Rashidi, Runoko, & van Sertima, Ivan（Eds. ）. （1995）. *The African presence in early Asia*（Rev. ed. ）. New Brunswick：Transaction Press.

Reeder, L. R. （2008）. Spanish and the workplace：How language affects community formation. Retrieved May 24, 2010, from http：//web3. unt. edu/honors/eaglefeather/wp – content/2009/09/Ranata_ Reeder. pdf.

Reynolds, K. J. , Turner, J. C. , & Haslam, S. A. （2000）. When are we better than them and they worse than us? A closer look at social discrimination in positive and negative domains. *Journal of Personality and Social Psychology*, 78（1）, 64 – 80.

Rotberg, Robert（Ed. ）. （2008）. *China into Africa：Trade, aid, and influence*. Washington, DC：Brookings Institution.

249

Sautman, B. , & Yan, H. R. （2007）. Friends and interests：China's distinctive links with Africa. *African Studies Review*, 50（3）, 75 – 113.

Song, H. （2011）. Chinese private direct investment and overseas Chinese network in Africa. *China and World Economy*, 19（4）, 109 – 126.

Strauss, Julia, & Martha Saavedra（Eds. ）. （2010）. *China and Africa：Vol. 9：Emerging patterns in globalization and development.* Cambridge：Cambridge University Press.

Sullivan, M. （1994）. The 1988 – 89 Nanjing anti – African protests：Racial nationalism or national racism? *The China Quarterly*, 138, 438 – 457.

Taylor, I. （2006）. China's oil diplomacy in Africa. *International Affairs*, 82（5）, 937 – 959.

Taylor, I. （2008）. China in Africa. *Journal of Modern African Studies*, 46（2）, 325 – 326.

Taylor, M. （2011）. China and Africa：Emerging patterns in globalization and development. *Political Studies Review*, 9（2）, 287 – 295.

Vertovec, Steve. （1999）. Three meanings of "Diaspora", exemplified among South Asian religions. *Diaspora*, 7（2）, 277 – 299.

Vygotsky, L. （1986）. *Thought and language.* Cambridge, MA：MIT Press.

Wyatt, D. （2009）. *The Blacks of premodern China.* Philadelphia：University of Pennsylvania Press.

Zhang Zhongxiang（张忠祥）. （2011）. China – Africa relationship （《中非关系研究综述》）. *West Asia and Africa* （《西亚非洲》）, 5, 65 – 70.

Zhao Minghao（赵明昊）. （2010）. China's perspectives on current people – to – people links between China and Africa （《中非民间交往：进展及面临的挑战》）. *Global Review* （《国际展望》）, 6, 7, 57 – 60.

250

185

索 引[*]

---

* 索引页码为原著页码，即本书边码。

图书在版编目（CIP）数据

非洲人在中国：社会文化研究及其对非洲－中国关系
的影响／（加纳）博艾敦（Adams Bodomo）著；李安山，
田开芳，李丽莎译． -- 北京：社会科学文献出版社，
2018.3
（非洲研究丛书）
书名原文：Africans in China：A Sociocultural
Study and Its Implications for Africa – China
Relations
ISBN 978 – 7 – 5201 – 2260 – 3

Ⅰ．①非… Ⅱ．①博…②李…③田…④李… Ⅲ.
①中外关系－文化交流－研究－非洲 Ⅳ．①G125
②G140.5

中国版本图书馆 CIP 数据核字（2018）第 029230 号

·非洲研究丛书·

非洲人在中国：社会文化研究及其对非洲－中国关系的影响

著　　者／〔加纳〕博艾敦
译　　者／李安山　田开芳　李丽莎

出 版 人／谢寿光
项目统筹／高明秀
责任编辑／张　萍

出　　版／社会科学文献出版社·当代世界出版分社（010）59367004
　　　　　地址：北京市北三环中路甲 29 号院华龙大厦　邮编：100029
　　　　　网址：www. ssap. com. cn
发　　行／市场营销中心（010）59367081　59367018
印　　装／三河市尚艺印装有限公司

规　　格／开本：787mm×1092mm　1/16
　　　　　印张：13.75　字数：221 千字
版　　次／2018 年 3 月第 1 版　2018 年 3 月第 1 次印刷
书　　号／ISBN 978 – 7 – 5201 – 2260 – 3
著作权合同
登 记 号／图字 01 – 2014 – 2350 号
定　　价／69.00 元

本书如有印装质量问题，请与读者服务中心（010 – 59367028）联系